THERESE VON LISIEUX
IHR LEBEN UND IHR „KLEINER WEG“

Therese von Lisieux

Ihr Leben und ihr „kleiner Weg"

in 365 Selbstzeugnissen

Herausgegeben von
Waltraud Herbstrith

VERLAG NEUE STADT
MÜNCHEN · ZÜRICH · WIEN

Aus der Reihe *Saatkörner*

Das Umschlagfoto zeigt Therese als 15jährige. Für den Besuch beim Bischof hat sie sich die Haare hochgesteckt, um älter auszusehen (Foto aus dem Archiv des Karmels von Lisieux).

Die Deutsche Bibliothek – CIP-Einheitsaufnahme

Thérèse <de l'Enfant Jésus>:
Therese von Lisieux :
ihr Leben und ihr „kleiner Weg"
in 365 Selbstzeugnissen /
hrsg. von Waltraud Herbstrith.
- 1. Aufl. – München ; Zürich ; Wien :
Verl. Neue Stadt, 1997
ISBN 3-87996-366-5
(Aus der Reihe Saatkörner)

1997, 1. Auflage

Umschlagentwurf und Satz: Neue-Stadt-Graphik
Druck: Freiburger Graphische Betriebe, Freiburg i. Br.
ISBN 3-87996-366-5

Vorwort

„Das Leben ist sehr geheimnisvoll! Es ist eine Wüste, ein Exil; aber in der Tiefe des Herzens fühlt man, daß es eines Tages unendliche Fernen geben wird, die einen für immer alle Traurigkeit der Wüste und der Verbannung vergessen lassen."

Therese von Lisieux

Therese von Lisieux weckt auch hundert Jahre nach ihrem Tod unterschiedliche Reaktionen. Ist sie für die einen eine Gestalt für kindliche Gemüter, sehen andere, gerade auch Intellektuelle, in ihr eine Persönlichkeit, die ihrem „geistlichen Leben" Orientierung und schwesterliche Nähe gibt.

Aufgewachsen in einer Frömmigkeit, die von Angst und Gesetzesstrenge geprägt war, findet Therese zum Gott der Liebe, der befreit und den Menschen ganzheitlich hineinnimmt in sein Erbarmen. Als Zeitgenossin Nietzsches, der an der christlichen Botschaft verzweifelte, weil sie nicht in erlösender Form vorgetragen wurde, entdeckte Therese die oft vernachlässigten positiven Züge im Gottesbild. Jesus, die menschgewordene Liebe Gottes, ist ihr ein Bruder, ein Freund, der den Suchenden zur Seite steht.

Trotz ihres zeitgebundenen Sprechens vollzieht Therese mit ihrer biblischen Ausrichtung eine Pioniertat. Ohne es beabsichtigt zu haben, entwickelte die Karmelitin eine evangeliumsgemäße Spiritualität, die besonders Laien entgegenkommt: den „kleinen Weg". Weil es ihr um das Leben im Alltag ging, nicht um religiöse Ausnahmesituationen, nannte sie ihren Weg „klein". Kleinsein als Christ heißt erkennen, daß Gott in dieser seiner Welt anwesend ist als der Verborgene, als der Ohn-Mächtige, als der Liebende, der nicht nur *für* die Menschen da ist, sondern sich in Jesus *mit* den Sündern an einen Tisch setzt.

Thereses Art, den Menschen mit einem Lächeln Gottes frohe Botschaft zu bezeugen, zeigt auch ihr frauliches Einfühlungsvermögen. Es ist nicht sentimental, sondern realistisch, überlegt und aus vielen Nöten, Enttäuschungen und Schwierigkeiten erwachsen. Von ihrem Tod her, sagte Karl Rahner, könne er einen Zugang zu Therese finden. Von ihrer Anfechtung des leeren, bis zum Grund gehenden Unglaubens her sei sie eine Gestalt, mit der auch der heutige bekümmerte und angefochtene Christ etwas anfangen kann.

In diesem Band kommt Therese selbst zu Wort. Aus ihren Selbstbiographischen Schriften, aus ihren Briefen und letzten Gesprächen wurden kurze Abschnitte ausgewählt und zu einem Lebensbild und einer Skizze ihres geistlichen Weges zusammengestellt.

Möge Thereses leidenschaftliche Sehnsucht nach Gott uns anstecken und ihr realistischer Blick für den Alltag uns führen.

Zur Ernennung der Therese von Lisieux zur Kirchenlehrerin am 24. August 1997

Waltraud Herbstrith

Inhalt

Vorwort 5

Aus dem Leben der Therese von Lisieux 11

Der „kleine Weg“ 57
- Schwach sein dürfen 66
- Demut 69
- Vertrauen 71
- Der liebe Gott 75
- Den Willen Gottes tun 79
- Lieben 82
- Jesus 88
- Das Wort Gottes 98
- Über das Beten 101
- Über das Leiden 110
- Maria 114
- Die Heiligen 118
- Hoffnung auf das andere Leben 121

Lebenserfahrungen 123

Quellennachweis 129

Aus dem Leben der Therese von Lisieux

Therese wurde am 2. Januar 1873 in Alençon in der Normandie geboren. Sie war das jüngste von neun Kindern, von denen vier früh gestorben sind. Als Therese viereinhalb Jahre alt war, verlor sie ihre Mutter, Zélie Martin (28. August 1877).

Ich erinnere mich an alle Einzelheiten der Krankheit unserer geliebten Mutter, vor allem an die letzten Wochen, die sie auf Erden verbrachte.

Ich weiß nicht, ob ich viel geweint habe, als unsere Mutter starb. Ich sprach mit niemand über das, was ich empfand; es hatte auch niemand Zeit, sich um mich zu kümmern. So sah ich manches, was man mir hätte verbergen wollen. Einmal stand ich vor dem Sargdeckel und betrachtete ihn lange. Noch nie hatte ich so etwas gesehen; doch ich begriff, was geschehen war. *[1]*

Seit Mamas Tod hat sich meine glückliche Art völlig verändert. Ich, die ich so lebhaft und mitteilsam war, wurde schüchtern und sanft, über die Maßen empfindlich. Ich konnte den Umgang mit fremden Leuten nicht ertragen; nur im trauten Familienkreis gewann ich meinen Frohsinn zurück. *[2]*

Nach dem Tod der Mutter, der ein Trauma in Therese hinterlassen hat, wählte sie sich ihre 16jährige Schwester Pauline zur neuen „Mutter". Diese und die älteste Schwester Marie unterrichteten Therese bis zu ihrem achten Lebensjahr.

Pauline war es, der ich meine geheimsten Gedanken anvertraute. Sie klärte mir alle meine Zweifel. *[3]*

Von 1881 bis 1886 besuchte Therese – wie vor ihr die älteren vier Schwestern – das Pensionat der Benediktinerinnen zu Lisieux.

Ich war achteinhalb Jahre alt, als ich in das Pensionat eintrat. Für mich waren die fünf Jahre, die ich dort verbrachte, die traurigsten meines Lebens. Hätte ich meine liebe Schwester Céline nicht bei mir gehabt, so hätte ich dort keinen Monat ausgehalten, ohne krank zu werden. *[4]*

In meiner schüchternen und empfindsamen Art wußte ich mich nicht zu wehren. Ich begnügte mich damit zu weinen, ohne etwas zu sagen. Zum Glück kehrte ich jeden Abend nach Hause zurück. Hier lebte mein Herz auf, ich sprang auf die Knie meines Vaters, erzählte ihm von den erhaltenen Noten, und sein Kuß ließ mich all meinen Kummer vergessen. *[5]*

Im Pensionat fühlte ich mich einsam, sehr einsam. Ich ging traurig und krank im großen Hof umher und wiederholte jene Worte, die meinem Herzen immer neu Frieden und Kraft gaben: „Das Leben ist dein Schiff, nicht deine Heimat!" (Lamartine). *[6]*

Ich war von fröhlichem Naturell, aber ich verstand es nicht, bei den Spielen meiner Mitschülerinnen mitzumachen. Während der Pausen lehnte ich mich oft gegen einen Baum und schaute von dort ihren Spielen zu, während ich mich ernsthaften Überlegungen hingab. *[7]*

Verstand ich es auch nicht zu spielen, so las ich dafür sehr gerne; ich hätte mein Leben damit verbringen mögen. Es ist mir unmöglich, die Zahl der Bücher zu nennen, die mir durch die Hände gingen. Dieser Hang zum Lesen dauerte bis zu meinem Eintritt in den Karmel. *[8]*

Ich war damals ein kleines Mädchen, aber weinerlich im Übermaß. *[9]*

Meine große Empfindlichkeit machte mich wirklich unausstehlich. *[10]*

Meine Lehrerinnen betrachteten mich als eine sehr intelligente Schülerin; die besten Noten bekam ich in Geschichte und Aufsatz. Anders war es bei meinem Onkel. Der hielt mich für ein kleines Dummerchen, gut und sanft, mit einem gesunden Urteil, aber untüchtig und ungeschickt. *[11]*

Mit 13 Jahren, vor dem Abschluß meiner Ausbildung, verließ ich die Schule und bekam mehrere Stunden in der Woche Unterricht bei Frau Paninau. *[12]*

Thereses Schwester Pauline, die fünf Jahre zuvor für sie die Stelle der Mutter eingenommen hatte, trat während Thereses Schulzeit, am 2. Oktober 1882, in den Karmel zu Lisieux ein. Eine zweite unheilbare Wunde in Thereses Kindheit:

Als Pauline mir von ihrem Entschluß erzählte, begriff ich in einem Augenblick, was das Leben ist. Bis dahin war es mir nicht so traurig erschienen, aber nun zeigte es sich mir in seiner ganzen Wirklichkeit. Ich sah, daß es nur Leid ist und beständige Trennung. *[13]*

Ich habe ein Martyrium erduldet, bis ich mich daran gewöhnte, ohne Pauline zu leben und unübersteigbare Mauern zwischen ihr und mir zu sehen. Aber schließlich habe ich mich mit der traurigen Wirklichkeit abgefunden: Pauline war verloren für mich, fast so, als wäre sie tot. *[14]*

Als ich meine geliebte Pauline zum ersten Mal hinter den Gittern sah ... Was habe ich in diesem Sprechzimmer des Karmel gelitten! Ich sagte im Innersten meines Herzens: Pauline ist für mich verloren! *[15]*

Gegen Ende des Jahres wurde ich von einem ständigen Kopfweh befallen. So ging es bis Ostern 1883. – Die Krankheit wurde so schlimm, daß ich nach menschlichem Ermessen nicht mehr genesen sollte. *[16]*

Ich glich einer Schwachsinnigen. Es brauchte wirklich viel Liebe, um mich nicht zu meiden. Welches Leid habe ich meinen Schwestern angetan. Niemand hat ihnen soviel Kummer bereitet wie ich. Aber auch niemand hat soviel Liebe empfangen wie ich. *[17]*

Ich war ein gehätscheltes und von Liebe umgebenes Kind, wie es wenige auf Erden gibt, besonders unter Kindern, die keine Mutter haben. – Meine Mitschülerinnen und vor allem meine Lehrerinnen kannten kein Kind, das von seiner Familie so verhätschelt wurde. *[18]*

Die unter Zwangsvorstellungen leidende Therese bat Maria um Heilung. Am 13. Mai 1883 fühlte sie, daß sie erhört worden war.

Da verschwanden alle meine Leiden, zwei dicke Tränen rollten lautlos über meine Wangen. Aber es waren Tränen ungetrübter Freude. *[19]*

Obwohl Paulines Eintritt in den Karmel sehr schmerzlich für Therese war, fühlte sie sich zu dieser Ordensgemeinschaft hingezogen.

Als ich in meinem Geist alles, was Pauline mir sagte, überdachte, schien mir, der Karmel sei die Wüste, wo der liebe Gott wollte, daß auch ich mich verberge. Ich spürte das mit solcher Gewalt, daß in meinem Herzen nicht der mindeste Zweifel war: Es war nicht der Traum eines Kindes, das sich mitreißen läßt, sondern die Gewißheit eines göttlichen Rufes. Ich wollte in den Karmel nicht um Paulines willen, sondern für Jesus allein. Ich überlegte mir viele Dinge, die Worte nicht wiedergeben können, die aber einen tiefen Frieden in mir zurückließen. *[20]*

Am 8. Mai 1884 empfing Therese ihre erste Heilige Kommunion.

Seit langem hatten sich Jesus und die arme kleine Therese angeblickt und verstanden. An diesem Tag aber war es nicht mehr ein Blick, sondern ein Aufgehen ineinander. Sie waren nicht mehr zwei, Therese war verschwunden, wie sich ein Wassertropfen im weiten Meer verliert. Allein Jesus blieb. Er war der Herr, der König. *[21]*

Nach Pauline hat sich Marie um ihre jüngere Schwester gekümmert. Bis auch sie, am 15. Oktober 1886, in den Karmel eintrat:

(Nach dem Weggang von Pauline) hatte ich tatsächlich nur Marie. Sie war für mich sozusagen unentbehrlich. Nur ihr erzählte ich meine Skrupel ... Marie wußte alles, was in meiner Seele vorging. Sie kannte auch meine Sehnsucht nach dem Karmel. *[22]*

Von der großen fröhlichen Familie waren nur noch der gebrochene Vater und die zwei jüngsten Kinder zu Hause zurückgeblieben, Therese und Céline (Léonie war bei den Klarissinnen eingetreten, wo sie aber nicht lange blieb). An Weihnachten 1886 zeigte sich Therese wie verwandelt. Befreit von ihrer zehn Jahre währenden weinerlichen Verschlossenheit, fühlte sie sich nun als lebenstüchtige, hoffnungsfrohe Erwachsene.

Am Weihnachtsfest wirkte der liebe Gott ein kleines Wunder. Er ließ mich in einem Augenblick wachsen. In jener Nacht, in der er schwach und leidend wurde aus Liebe zu mir, machte er mich stark und mutig. Ich begann sozusagen zu laufen wie ein Riese (vgl. Ps 18,5). Der Quell meiner Tränen war versiegt und floß seither nur noch spärlich und mühsam. *[23]*

In dieser lichterfüllten Nacht begann für mich der schönste Lebensabschnitt. In einem Augenblick hatte Jesus vollbracht, was mir in zehnjähriger Anstrengung nicht gelungen war. Er begnügte sich mit meinem guten Willen, an dem es mir nie fehlte. Wie die Apostel konnte ich Jesus sagen: „Herr, ich habe die ganze Nacht gefischt und nichts gefangen.“ Doch Jesus war zu mir noch barmherziger als zu seinen Jüngern. Er selbst nahm das Netz, warf es aus und zog es gefüllt mit Fischen wieder ein. Er machte mich zum „Menschenfischer". Ich spürte ein großes Verlangen, für die Bekehrung der Sünder zu leben. Das hatte ich früher nicht so lebhaft empfunden. Ja, ich fühlte die Liebe in mein Herz einziehen, das Bedürfnis, mich selbst zu vergessen, um anderen Freude zu machen. Von da an war ich glücklich. *[24]*

In kurzer Zeit hat Gott mich hinausgeführt aus dem engen Kreis, in dem ich mich drehte und aus dem ich nicht entkommen konnte. ... Von den Skrupeln und der übermäßigen Empfindsamkeit befreit, begann sich mein Geist zu entwickeln. Ich hatte stets das Große, Schöne geliebt, doch nun erfaßte mich der Wunsch, viel zu wissen. Ich begnügte mich nicht mehr mit dem Unterricht und den Aufgaben, die mir meine Lehrerin gab, sondern beschäftigte mich allein mit Geschichte und Naturkunde. Die übrigen Fächer ließen mich gleichgültig, doch diese beiden Gebiete nahmen meine ganze Aufmerksamkeit in Anspruch. So erwarb ich mir in wenigen Monaten mehr Kenntnisse als während meiner Schuljahre. *[25]*

Seit diesem Weihnachtsfest konnten Céline und ich uns verstehen, der Altersunterschied bestand nicht mehr; denn ich war groß geworden, an Wuchs und vor allem an Gnade. ...

Wie lieblich waren die Gespräche, die wir jeden Abend im Belvedere führten! Den Blick in die Ferne gerichtet, betrachteten wir den bleichen Mond, der langsam hinter den großen Bäumen aufging, den Silberschein, den er über die schlafende Natur warf, die leuchtenden Sterne, die im tiefen Blau funkelten, den leichten Atem des Abendwindes, der die schneeigen Wolken dahintrieb, alles erhob unsere Gedanken zum Himmel, dem schönen Himmel, von dem wir einstweilen bloß die lichte Außenseite betrachten konnten.

Ich weiß nicht, ob ich mich täusche, aber mir scheint, daß der Austausch unserer Seelen jenem der heiligen Monika mit ihrem Sohn glich, als sie im Hafen von Ostia beim Anblick der Wunder des Schöpfers in Verzückung geraten waren!

Die Liebe ließ uns jenen, den wir suchten, auf Erden finden. *[26]*

Wie sehr waren wir beide eins! Es war sozusagen ein und dieselbe Seele, die uns Leben gab. Wir erfreuten uns gemeinsam des angenehmsten Lebens, das junge Mädchen sich erträumen können. Alles um uns her entsprach unserem Geschmack. Ich glaubte, unser Leben sei der Inbegriff des Glücks auf Erden. *[27]*

Weil ich klein und schwach war, ließ sich Jesus zu mir herab und unterwies mich in den Dingen seiner Liebe. Wenn Gelehrte, die ihr ganzes Leben mit Studieren verbracht haben, mir Fragen gestellt hätten, sie wären sicher erstaunt gewesen, daß ein vierzehnjähriges Kind die Geheimnisse der Vollkommenheit versteht, Geheimnisse, die all ihre Wissenschaft ihnen nicht zu enthüllen vermag. Denn man muß arm im Geiste sein, um das zu verstehen. *[28]*

Auf dem Weg in den Karmel

„Als Jesus auf einen Berg gestiegen war, rief er zu sich, die *er wollte*, und sie kamen zu ihm" (Mk 3,13). – Das ist das Geheimnis meiner Berufung, meines ganzen Lebens ... Jesus beruft nicht die, die würdig sind, sondern die er berufen *will*. *[29]*

Ich mußte durch viele Prüfungen. Doch der göttliche Ruf war so drängend, daß ich losgestürzt wäre, um ihm Antwort zu geben. Selbst wenn ich durchs Feuer hätte gehen müssen, um Jesus treu zu sein, ich hätte es getan. *[30]*

Meine Besuche im Sprechzimmer des Karmel waren mir immer peinlicher geworden. Marie, die mich zu jung fand, tat ihr möglichstes, um meinen Eintritt zu verhindern. Und auch Pauline versuchte manchmal, meinen Eifer zu dämpfen, um mich auf die Probe zu stellen. Hätte ich nicht wirklich die Berufung gehabt, so wäre ich nicht weitergegangen, denn ich stieß auf Widerstände, sobald ich dem Ruf Jesu zu folgen begann. *[31]*

Von Céline hatte ich keinen Widerstand zu befürchten, aber ich wußte nicht, wie ich es anstellen sollte, um Papa meinen Wunsch mitzuteilen. ... An Pfingsten (1887), als wir am Nachmittag von der Vesper heimkamen, fand ich Gelegenheit, mit meinem geliebten Väterchen zu sprechen. Er hatte sich an den Brunnenrand gesetzt, und dort betrachtete er mit gefalteten Händen die Wunder der Natur. Die Sonne, deren Strahlen ihre Hitze verloren hatten, vergoldeten die Wipfel der großen Bäume, in denen die Vögel fröhlich ihr Abendgebet sangen ...

Ohne ein einziges Wort zu sagen, setzte ich mich neben ihn, die Augen bereits feucht von Tränen. Er schaute mich zärtlich an, nahm meinen Kopf und drückte ihn an sein Herz. Darauf ging er langsam auf und ab. Unter Tränen gestand ich ihm meine Sehnsucht, in den Karmel einzutreten. Da mischten sich seine Tränen in die meinen, aber mit keinem Wort versuchte er, mich von meiner Berufung abzubringen. Er begnügte sich damit, mich einfach darauf hinzuweisen, daß ich noch recht jung sei, um einen so schwerwiegenden Entschluß zu fassen. Aber ich verteidigte meine Sache so gut, daß Papa in seiner einfachen und geraden Art bald überzeugt war, daß mein Wunsch auch der Wunsch Gottes sei.

Wir setzten unseren Spaziergang noch lange fort; mein Herz war erleichtert, weil mein Vater meinen Wunsch mit solcher Güte aufgenommen hatte. *[32]*

Nachdem ich Papas Einwilligung erhalten hatte, glaubte ich, nun könne ich dem Karmel zueilen, aber schmerzliche Prüfungen sollten meine Berufung auf die Probe stellen. Mein Onkel verbot mir, von meiner Berufung zu sprechen, bevor ich 17 Jahre alt wäre. Ich sah, daß alle Einwände nutzlos waren. So zog ich mich zurück, das Herz in tiefste Bitterkeit getaucht.

Eine geraume Zeit verfloß, ehe ich nochmals mit meinem Onkel zu reden wagte. Später habe ich erfahren, daß meine große Traurigkeit ihn sehr zu meinen Gunsten beeinflußt hat. Doch ehe Gott mir einen Hoffnungsstrahl aufleuchten ließ, schickte er mir ein schmerzliches Martyrium, das drei Tage währte.

Ich befand mich in einer traurigen Wüste, oder besser, meine Seele glich einem zerbrechlichen Schifflein ohne Steuermann. Jesus war da und schlummerte in meinem Boot. Die Nacht war so schwarz, daß ich ihn nicht sehen konnte; nichts gab mir Licht, nicht einmal ein Blitz zerriß die düsteren Wolken. Sicher ist das Aufleuchten des Blitzes ein kläglicher Schein, doch wäre ein Gewitter losgebrochen, so hätte ich wenigstens Jesus für einen Augenblick wahrnehmen können. Es war Nacht, tiefe Nacht der Seele. Wie Jesus im Garten der Todesangst fühlte ich mich einsam, ich fand keinen Trost, weder auf Erden noch vom Himmel her. Der liebe Gott schien mich verlassen zu haben. *[33]*

Wenige Tage, nachdem ich die Zustimmung meines Onkels erhalten hatte, ging ich mit Papa und Céline zu unserem Pfarrer, dem Superior des Karmel. Dieser war nicht einverstanden, daß ich vor dem 21. Lebensjahr in das Kloster eintrete. Er sagte mir, es bestehe ja keine Eile, ich könne auch zu Hause ein Karmelleben führen usw. usw. Schließlich fügte er aber hinzu, er sei nur der Beauftragte des Bischofs. Wenn dieser meinen Eintritt in den Karmel gestatte, hätte er selber nichts mehr zu sagen. – Ich verließ das Pfarrhaus ganz in Tränen, glücklicherweise verbarg mich der Schirm, denn es regnete in Strömen. *[34]*

Mein Vater versprach mir, mich nach Bayeux (dem Sitz des Bischofs) zu bringen, wenn ich den Wunsch danach äußerte. Ich war fest entschlossen, mein Ziel zu erreichen. Ich sagte sogar, ich würde bis zum Heiligen Vater gehen, wenn der Bischof mir nicht die Erlaubnis geben würde. *[35]*

Am 31. Oktober (1887) reiste ich mit Papa nach Bayeux, das Herz voll Hoffnung, aber nicht wenig bewegt beim Gedanken, daß ich vor dem Bischof erscheinen sollte. Ich sollte die Gründe darlegen, die mich bewogen, um den Eintritt in den Karmel zu bitten. Mit einem Wort, ich sollte die Echtheit meiner Berufung nachweisen. Ach, wie schwer ist mir diese Reise geworden! Ich brauchte eine ganz besondere Gnade des lieben Gottes, um meine Schüchternheit zu überwinden. Nur die Liebe zu Jesus konnte mir die Kraft verleihen, diese und die späteren Schwierigkeiten zu bestehen.

Der Generalvikar bot mir im Arbeitszimmer des Bischofs einen Sessel an, in dem ich versank. Vier von meinesgleichen hätten darin gemütlich Platz gehabt (gemütlicher als ich, denn mir war dort ganz anders zumute!). Der Bischof schien von meinen Argumenten nicht sonderlich beeindruckt. Er dachte, Papa einen Gefallen zu tun, indem er mich aufforderte, noch einige Jahre bei ihm zu bleiben. Doch Papa ergriff zu seinem Erstaunen meine Partei und bat für mich um die Erlaubnis, mit 15 Jahren in den Karmel eintreten zu dürfen. Er sagte dem Bischof auch, daß ich den Papst darum bitten würde, wenn er mir nicht die Erlaubnis gäbe.

Der Bischof geleitete uns dann bis zum Garten. Er hatte viel Spaß daran, als Papa ihm erzählte, ich hätte mir die Haare hochgesteckt, um älter zu erscheinen. *[36]*

Je näher ich dem Ziel kam, um so verwickelter schien meine Angelegenheit zu werden. Meine Seele war in Bitterkeit getaucht, aber auch in Frieden, denn ich suchte nur den Willen des lieben Gottes. *[37]*

Drei Tage nach der Reise nach Bayeux sollte ich eine viel längere antreten, die Reise zur Ewigen Stadt (eine Pilgerfahrt der Diözese Coutance). Diese Reise hat mich mehr gelehrt als lange Studienjahre.

Céline und ich, die nie in der großen Welt gelebt hatten, befanden uns inmitten vieler Adeliger, die auch an der Pilgerfahrt teilnahmen. Aber wir ließen uns nicht blenden, all diese Titel und diese „von" erschienen uns wie eitel Rauch.

Von weitem hatte mir das gelegentlich ein wenig Sand in die Augen gestreut, von nahem aber sah ich, daß nicht alles Gold ist, was glänzt. Ich begriff, daß die wahre Größe im Innern eines Menschen liegt.

Eine zweite Erfahrung, die ich machte, betrifft die Priester. Während dieser Wochen erlebte ich viele Priester und sah, daß sie trotz ihrer hohen Würde schwache und gebrechliche Menschen blieben. So habe ich in Italien die Berufung des Karmel verstanden, Apostel der Apostel zu sein, für die zu beten, die durch ihr Wort und vor allem durch ihr Beispiel Menschen für das Evangelium gewinnen sollen. *[38]*

Wie interessant ist es doch, die Welt zu beobachten, wenn man im Begriff ist, sie zu verlassen! *[39]*

Die Begegnung mit Papst Leo XIII. hatte ich zugleich herbeigesehnt und gefürchtet. Was ich vor der Audienz ausgestanden habe, das weiß nur Gott – und meine liebe Céline.

Nachdem wir uns dem Zeremoniell des Vatikans entsprechend gekleidet hatten (in Schwarz, mit einem Spitzenschleier als Kopfbedeckung) und uns mit einer großen, an einem blau-weißen Band hängenden Medaille Leos XIII. geschmückt hatten, betraten wir am Sonntag, dem 20. November, die päpstliche Hauskapelle im Vatikan.

Leo XIII. saß auf einem großen Sessel, er war mit einer einfachen weißen Soutane und einem gleichfarbigen Schultermäntelchen bekleidet. Auf dem Kopf trug er nur ein Käppchen. Er war umgeben von Kardinälen, Erzbischöfen und Bischöfen. Aber ich sah diese nur ganz im allgemeinen, da meine Aufmerksamkeit auf den Heiligen Vater gerichtet war. Wir schritten einer nach dem andern an ihm vorüber, jeder Pilger kniete nieder, wenn er an der Reihe war, küßte Fuß und Hand Leos XIII. und empfing seinen Segen. Dann gaben zwei Nobelgardisten dem Pilger mit einer leichten Berührung das Zeichen, sich zu erheben. Vor dem Betreten der päpstlichen Gemächer hatte ich den festen Entschluß gefaßt zu reden, doch fühlte ich meinen Mut sinken, als ich zur Rechten des Heiligen Vaters den Generalvikar unserer Diözese sah! Fast im gleichen Augenblick sagte man uns, es sei verboten, Leo XIII. anzusprechen, da sich die Audienz ohnehin zu lang hinzöge.

Ich wandte mich um zu meiner geliebten Céline, um zu wissen, was sie dächte: „Rede!" sagte sie zu mir. Im nächsten Augenblick kniete ich zu Füßen des Heiligen Vaters. Nachdem ich seinen Pantoffel geküßt hatte, reichte er mir die Hand, aber statt sie zu küssen, legte ich die meine hinein, schaute mit tränenfeuchten Augen zu ihm auf und sagte: „Heiligster Vater, ich möchte Sie um eine große Gnade bitten." Da neigte der Papst seinen Kopf zu mir herab, so daß sein Gesicht das meine fast berührte. Seine schwarzen und tiefgründigen Augen richteten sich auf mich und schienen bis auf den Grund meiner Seele zu dringen. „Heiligster Vater", sagte ich, „erlauben Sie mir, zu Ehren Ihres Jubiläums (Goldenes Priesterjubiläum) mit fünfzehn Jahren in den Karmel einzutreten!"

Sicher hatte meine Stimme vor Erregung gezittert; der Heilige Vater wandte sich an den Generalvikar Abbé Révérona, der mich erstaunt und mißmutig ansah, und sagte zu ihm: „Ich verstehe nicht recht." – „Heiligster Vater", antwortete der Generalvikar, „es ist ein Kind, das mit fünfzehn Jahren in den Karmel eintreten möchte; die Oberen prüfen gegenwärtig die Angelegenheit." – „Nun gut, mein Kind", sagte der Heilige Vater und sah mich gütig an, „tun Sie, was die Oberen bestimmen werden." Da legte ich meine Hände auf seine Knie und machte einen letzten Versuch, indem ich mit flehender Stimme bat: „Heiligster Vater, wenn Sie ja sagten, wären alle einverstanden!" Er sah mich fest an, und indem er jede Silbe betonte, sprach er: „Schon gut ... schon gut ... Sie werden eintreten, wenn der liebe Gott es will ...!"

Die Güte des Heiligen Vaters gab mir Mut, noch mehr zu sagen, aber die beiden Nobelgardisten berührten mich höflich, um mich zu veranlassen aufzustehen. Als sie sahen, daß dies nicht genügte, griffen sie mir unter die Arme, und der Generalvikar half ihnen, mich aufzurichten, denn ich hatte noch immer meine gefalteten Hände auf den Knien Leos XIII. Sie rissen mich mit Gewalt von seinen Füßen fort und trugen mich bis zur Tür. *[40]*

Im Grunde meines Herzens empfand ich tiefen Frieden, da ich alles getan hatte, was in meinen Kräften stand, um dem Ruf Gottes Folge zu leisten. Aber dieser Friede ruhte ganz auf dem Grunde, während meine Seele von Bitterkeit erfüllt war. Jesus schwieg, er schien abwesend, nichts sprach mir von seiner Gegenwart. Die Reise hatte in meinen Augen jeden Reiz verloren, weil sie ihren Zweck nicht erfüllt hatte. *[41]*

Dennoch hörte ich nicht auf, wider alle Hoffnung zu hoffen ... *[42]*

Am 28. Dezember 1887 gab der Bischof die Erlaubnis zum Eintritt in den Karmel. Die damalige Priorin gestattete Therese zu kommen, aber erst nach Abschluß der Fastenzeit.

Diese Prüfung hatte für mich einen ganz besonderen Charakter. Zur Welt hin waren meine Bande schon zerrissen, diesmal war es die Arche selbst, die sich weigerte, die arme kleine Taube einzulassen. *[43]*

In diesen drei Monaten Verbannung, in dieser Wartezeit wollte ich mehr denn je ein ernstes Leben der Buße führen. Damit will ich aber nicht den Eindruck erwecken, ich hätte Bußwerke verrichtet. Ich habe nie ein einziges Bußwerk verrichtet. Ich war ganz anders als andere, die sich von Kind auf alle Arten von Bußübungen auferlegten. Ich fühlte mich nicht zu so etwas hingezogen. ... Meine Abtötungen bestanden darin, meinen eigenen Willen zu brechen, der immer bereit war, sich durchzusetzen. Ich bemühte mich, ein Wort des Widerspruchs zurückzuhalten, kleine Dienste zu erweisen, ohne sie ans Licht zu rücken. *[44]*

Drei Monate vergehen schnell, und endlich war der heißersehnte Augenblick da. *[45]*

Am Vorabend des 9. April (1888) versammelte sich die ganze Familie um den Tisch, an den ich mich zum letzten Mal setzen sollte. Wie schmerzlich ist solch ein letztes Zusammensein im engsten Kreis! Gerade wenn man am liebsten unbeachtet bliebe, wird man mit Liebe und guten Worten überschüttet. Das macht den Schmerz der Trennung nur noch größer. *[46]*

Therese trat am 9. April 1888 in den Karmel ein.

Mein Herz klopfte mit solcher Gewalt, daß es mir unmöglich schien, mich fortzubewegen, als man mir das Zeichen gab, zur Klausurtür zu gehen. Ich schritt trotzdem voran, fragte mich aber, ob ich nicht an der Heftigkeit meines Herzklopfens sterben würde.

Man muß einen solchen Augenblick erlebt haben, um zu wissen, was das ist ... *[47]*

Ich fand das Klosterleben so, wie ich es mir vorgestellt hatte. Kein Opfer überraschte mich; und doch begegneten mir bei meinen ersten Schritten mehr Dornen als Rosen. *[48]*

Fünf Jahre lang war das Leiden mein Weg. Es war um so schmerzhafter, da ich allein darum wußte. *[49]*

Was wäre aus mir geworden, wenn ich, wie die Leute von draußen glaubten, das „Spielzeug" der klösterlichen Gemeinschaft gewesen wäre? *[50]*

Die Trockenheit war mein tägliches Brot. Dennoch war ich das glücklichste aller Geschöpfe, denn alle meine Wünsche waren erfüllt. *[51]*

Ich erkannte recht bald, daß man, je weiter man auf dem Weg der Vollkommenheit voranschreitet, sich um so weiter vom Ziel entfernt glaubt. Jetzt habe ich mich damit abgefunden, mich stets unvollkommen zu sehen; und darin finde ich meine Freude. *[52]*

Jesus durchlöchert mich mit Nadelstichen. Der arme kleine Ball kann nicht mehr. Überall hat er ganz kleine Löcher, die ihn mehr leiden lassen, als wenn er nur ein großes hätte! *[53]*

Am 10. Januar 1889 empfing Therese das Ordenskleid.

Wie schön war das Fest meiner Einkleidung! Nichts fehlte, nicht einmal der Schnee ... Seine Weiße entzückte mich schon, als ich noch ganz klein war; eine meiner größten Freuden war es, unter den weißen Flocken spazierenzugehen. *[54]*

Das Refektorium, wo ich gleich nach meiner Einkleidung beschäftigt wurde, bot mir mancherlei Gelegenheit, meine Eigenliebe an ihren Platz zu verweisen, das heißt: unter die Füße. *[55]*

Ich übte vor allem die kleinen Tugenden. So faltete ich gern die Mäntel zusammen, die die Schwestern vergessen hatten, und leistete ihnen kleine Dienste, wo immer ich konnte. *[56]*

Ich fühlte mich nicht wie früher frei, der Priorin (ihrer Schwester Pauline) alles zu sagen. Ich durfte ihr mein Inneres nicht öffnen, ich war ja im Karmel und nicht mehr zu Hause unter dem väterlichen Dach. *[57]*

Aber nicht um mit meinen Schwestern zusammenzusein, war ich in den Karmel gekommen, sondern ausschließlich, um dem Ruf Jesu zu folgen. Ich ahnte sehr wohl, daß das Zusammenleben mit den eigenen Schwestern eine Quelle ständiger Leiden sein würde. *[58]*

Die Einkehrtage, die meiner Profeß vorausgingen, brachten mir keineswegs Trost; gänzliche Trockenheit, beinahe Verlassenheit waren mein Teil. *[59]*

Jesus ist so müde, sich für die Menschen immer zu verausgaben und ihnen entgegenzukommen, daß er gern die Ruhepause annimmt, die ich ihm anbiete. Er wird vermutlich nicht vor meiner großen Einkehr in der Ewigkeit erwachen. Aber das betrübt mich nicht. Im Gegenteil, es bereitet mir große Freude. *[60]*

Ich glaube, Jesu Arbeit während dieser Exerzitien bestand darin, mich von allem zu lösen, was nicht er ist. *[61]*

Ich bin wirklich weit davon entfernt, eine Heilige zu sein. Meine Trockenheit sollte ich meinem Mangel an Eifer und Treue zuschreiben. Ich sollte trostlos darüber sein, daß ich seit sieben Jahren während meiner Betrachtungen und Danksagungen einschlafe. Nun, es betrübt mich nicht ... Ich denke, die kleinen Kinder gefallen ihren Eltern ebensosehr, wenn sie schlafen, wie wenn sie wach sind; ich denke auch daran, daß Ärzte ihre Patienten einschläfern, wenn sie eine Operation vornehmen. Schließlich denke ich: „Der Herr weiß, was wir für Gebilde sind; er denkt daran: Wir sind nur Staub“ (Ps 103,14). *[62]*

Am Vorabend meiner Profeß erlebte ich in mir einen Sturm, wie ich ihn noch nie erlebt hatte. Bisher war mir nie auch nur der leiseste Zweifel an meiner Berufung gekommen. Diese Prüfung sollte ich nun kennenlernen. Abends, als ich den Kreuzweg betete, erschien mir meine Berufung wie ein Traum, ein Wahngebilde. ... Meine Finsternis war so groß, daß ich nur dieses eine verstand: Ich hatte keine Berufung!

Mir schien, wenn ich meine Ängste der Novizenmeisterin mitteilte, so würde sie nicht zulassen, daß ich die Gelübde ablegte. Dennoch enthüllte ich ihr voller Beschämung den Zustand meiner Seele. Als ich ihr alles gesagt hatte, waren meine Zweifel verschwunden. *[63]*

Am 8. September 1890 legte Therese ihre Profeß ab und band sich endgültig an Gott und die Gemeinschaft.

Jetzt war ich wirklich Waise, ich hatte keinen Vater mehr auf Erden. Dagegen konnte ich voller Vertrauen zum Himmel aufschauen und in aller Wahrheit sagen: „Vater unser, der du bist im Himmel". *[64]*

Hier auf Erden finde ich nicht die geeigneten Worte, um wiederzugeben, was am Tag meiner Profeß in meinem Herzen vor sich ging. Ich muß auf den schönen Himmel warten. *[65]*

Aus dem Klosteralltag

Ich habe es erfahren, die Freude findet sich nicht in den Dingen, die uns umgeben, sie findet sich im Innersten der Seele, man kann sie ebensogut in einem Gefängnis wie in einem Palast besitzen. Als Beweis kann ich anführen, daß ich im Karmel trotz innerer und äußerer Prüfungen glücklicher bin als in der Welt, wo ich von den Annehmlichkeiten des Lebens und vor allem den Freuden des Familienlebens umgeben war. *[66]*

Es ist wahr, daß es in der Welt große und schwere Leiden gibt ... Jene des Lebens im Kloster sind tägliche Nadelstiche. Der Kampf spielt sich auf einer anderen Ebene ab; man muß gegen sich selbst kämpfen. ... Ich habe oft festgestellt, daß die scheinbar stärksten Naturen gerade von diesen kleinen Dingen niedergedrückt werden, so daß es sich wirklich bestätigt: Der größte aller Siege ist der, den man über sich selbst erringt. *[67]*

Früher glaubte ich, an nichts zu hängen. Aber seitdem ich die Worte Jesu verstanden habe: „Wenn man nimmt, was euch gehört, so fordert es nicht zurück“, stelle ich fest, daß ich manches Mal recht unvollkommen bin. Durch das Gelübde der Armut ist nichts mein eigen. Ich weiß es wohl, aber wenn ich mich beim Malen an die Arbeit mache und Pinsel und Farben in völliger Unordnung finde, wenn ein Lineal oder ein Federmesser abhanden kam, so verläßt mich beinahe die Geduld, und ich muß mein Herz in beide Hände nehmen, um die mir fehlenden Sachen nicht mit Bitterkeit zurückzuverlangen. Tut man es in Demut, so fehlt man nicht gegen das Gebot Jesu, im Gegenteil: Man handelt wie die Armen, die die Hand ausstrecken, um das ihnen Notwendige zu erhalten. *[68]*

Hört man auf, den unfehlbaren Kompaß des Gehorsams im Auge zu behalten, weicht man vom Weg ab. Unter dem Vorwand, den Willen Gottes zu tun, da er diejenigen nicht recht erleuchte, die seine Stelle innehaben, verirrt man sich auf verlassenen Wegen. Und bald fehlt das Wasser der Gnade. *[69]*

Umgang mit den Schwestern

Beim Betrachten der Worte Jesu „Liebet einander; wie ich euch geliebt habe, so sollt auch ihr einander lieben“, erkannte ich, wie unvollkommen meine Liebe zu meinen Mitschwestern war; ich sah ein, daß ich sie nicht liebte, wie Gott sie liebt.

Jetzt begreife ich, daß die vollkommene Liebe darin besteht, die Fehler der andern zu ertragen, sich nicht über ihre Schwächen zu wundern, sich an den kleinsten Tugendakten zu erbauen, die man sie vollbringen sieht. *[70]*

Als Jesus seinen Aposteln ein neues Gebot gibt, sein eigenes Gebot, wie er es später nennt, sagt er nicht, man müsse seinen Nächsten lieben *wie sich selbst*, sondern *wie er, Jesus, ihn geliebt hat* ... bis ans Ende der Zeiten. *[71]*

Die Liebe darf nicht in der Tiefe des Herzens verschlossen bleiben. Niemand, hat Jesus gesagt, zündet ein Licht an und stellt es unter den Scheffel, sondern man stellt es auf den Leuchter, damit es allen leuchte, die im Hause sind. Mir scheint, dieses Licht stellt ein Sinnbild der Liebe dar, die nicht nur jene erleuchten, erfreuen soll, die mir am liebsten sind, sondern alle, die im Hause wohnen, ohne Ausnahme. *[72]*

Herr, du kennst meine Schwachheit und meine Unvollkommenheit besser als ich. Du weißt, daß ich meine Schwestern niemals so lieben kann, wie du sie liebst, wenn nicht du selbst, Jesus, sie in mir liebst. *[73]*

Wenn ich den Schwestern Liebe erweise, so handelt einzig Jesus in mir. Je mehr ich mit ihm vereint bin, desto inniger liebe ich alle meine Schwestern. Ich will in meinem Herzen diese Liebe lebendig halten. Wenn der böse Geist mir die Fehler dieser oder jener Schwester, die mir weniger sympathisch ist, vor Augen zu stellen sucht, so forsche ich schnell nach ihren Tugenden und ihrem guten Willen. *[74]*

Es gibt in der Kommunität eine Schwester, die das Talent hat, mir in jeder Hinsicht zu mißfallen. Ihre Manieren, ihre Worte, ihr Charakter schienen mir sehr unangenehm ... Ich wollte der natürlichen Antipathie, die ich empfand, nicht nachgeben. Ich sagte mir, die Liebe dürfe nicht in Gefühlen bestehen, sondern müsse sich in Werken äußern. Daher bemühte ich mich, für diese Schwester zu tun, was ich für den mir liebsten Menschen getan hätte. *[75]*

Ich gab mich nicht damit zufrieden, für die Schwester, die mir so viele Kämpfe verursachte, viel zu beten, ich versuchte, ihr alle möglichen Dienste zu leisten. Wenn ich in Versuchung kam, ihr auf unangenehme Art zu antworten, begnügte ich mich damit, ihr mein liebenswürdigstes Lächeln zu zeigen, und ich versuchte, das Gespräch auf etwas anderes zu lenken ... Eines Tages sagte sie mit sehr zufriedener Miene ungefähr folgendes zu mir: „Schwester Therese, würden Sie mir sagen, was Sie so sehr zu mir hinzieht? Jedesmal, wenn Sie mich anblicken, sehe ich Sie lächeln." Was mich anzog, war Jesus, verborgen auf dem Grund ihrer Seele. Jesus, der „das Bitterste süß macht". Ich entgegnete ihr, daß ich lächle, weil ich froh sei, sie zu sehen (selbstverständlich fügte ich nicht hinzu, dies gelte vom geistlichen Gesichtspunkt aus). *[76]*

Aus Liebe zu meinen Mitschwestern, die so liebevoll zu mir sind, versuche ich, zufrieden auszusehen, und vor allem, *es zu sein.* *[77]*

Ich habe festgestellt (und das ist ganz natürlich), daß die Schwestern, die fähig sind, einen Mangel an Rücksicht, an Zartgefühl zu ertragen, am meisten geliebt werden. Man sucht das Gespräch mit ihnen und erweist ihnen Dienste, ohne daß sie danach fragen.

Andere Schwestern dagegen sind nicht beliebt. Ihr Mangel an Urteil, an Erziehung, ihre Empfindlichkeit, ihr Charakter machen das Leben nicht sonderlich angenehm. Ich weiß wohl, daß diese Charakterschwächen chronischer Art sind. Es gibt keine Hoffnung auf Heilung. Diesen Schwestern gegenüber bleibt man zwar innerhalb der Schranken klösterlicher Höflichkeit, aber aus Furcht, ihnen vielleicht ein unfreundliches Wort zu sagen, meidet man ihren Umgang. Ich muß die Gesellschaft gerade jener Schwestern suchen, die mir am wenigsten angenehm sind, und an ihnen das Werk des guten Samariters vollbringen. *[78]*

Ein Wort, ein liebenswürdiges Lächeln genügen oft, um eine traurige Schwester aufzuheitern. Aber nicht, um dieses Ziel zu erreichen, will ich die Liebe üben, denn ich weiß, gar bald verlöre ich den Mut: Ein Wort, in bester Absicht gesprochen, wird vielleicht völlig mißgedeutet. Um deshalb meine Zeit nicht zu verlieren, will ich gegen jedermann freundlich sein, ganz besonders gegen die unfreundlichsten Schwestern. So kann ich Jesus erfreuen und seinen Rat befolgen, den er im Evangelium ungefähr mit folgenden Worten gibt: „Wenn ihr ein Gastmahl gebt, so ladet die Armen ein, die Krüppel und Lahmen, und glücklich werdet ihr sein, weil sie euch nicht vergelten können; denn euer Vater, der ins Verborgene sieht, wird es euch lohnen!" (Mt 6,4). *[79]*

Ich will den heiligen Paulus nachahmen, der sich mit jenen freute, denen er in der Freude begegnete; freilich weinte er auch mit den Betrübten. Und so dürfen auch manchmal Tränen fließen ... Stets aber will ich mich bemühen, daß sich diese Tränen zum Schluß in Freude verwandeln, da der Herr fröhliche Geber liebt. *[80]*

Ich bemühe mich, auch mitten im Sturm innerlich ganz ruhig zu bleiben. Wenn man mir von Auseinandersetzungen (unter Schwestern) erzählt, versuche ich, mich nicht gegen die einen oder die anderen aufbringen zu lassen. *[81]*

Zu ihrer Schwester Céline:

Du solltest nicht den Friedensrichter spielen, das steht nur Gott zu. Du solltest der Friedensengel sein. *[82]*

Als ich über die Nächstenliebe schrieb, wurde ich dabei oft gestört. Ich habe mich bemüht, nicht ungeduldig zu werden, sondern das zu verwirklichen, was ich schrieb. *[83]*

Auch wenn alle Schwestern die Regel außer acht ließen, müßte jede so handeln, als hinge die Vollkommenheit des Ordens von ihrem persönlichen Verhalten ab. *[84]*

Im Februar 1893 wurde Pauline (Schwester Agnes von Jesus) zur Priorin des Karmels gewählt. Kurz darauf erhielt Therese die Aufgabe, Mutter Gonzaga bei der Ausbildung der Novizinnen zu unterstützen.

Seitdem ich begriffen habe, daß ich nichts aus mir selbst wirken kann, schien mir die Aufgabe, die mir übertragen wurde, nicht mehr schwierig. Ich fühlte, daß nur eins nottut: mich mehr und mehr mit Jesus zu vereinen. Und das übrige wird mir hinzugegeben werden. *[85]*

Von weitem erscheint es ganz rosig, den Schwestern Gutes zu tun, sie in der Liebe zu Gott zu fördern, kurz, sie nach seinen persönlichen Ansichten und Gedanken zu formen. Aus der Nähe betrachtet ist ganz das Gegenteil der Fall, die rosa Farbe ist verschwunden ... Man spürt, daß Gutes tun ohne die Hilfe Gottes ebenso unmöglich ist, wie bei Nacht die Sonne scheinen zu lassen.

Man muß seine Neigungen, seine persönlichen Ansichten völlig vergessen und die Schwestern auf dem Weg führen, den Jesus ihnen vorgezeichnet hat, ohne zu versuchen, sie auf dem eigenen Weg voranführen zu wollen. *[86]*

Ich erkannte, daß alle Schwestern ungefähr die gleichen Kämpfe haben, andererseits sind sie aber so verschieden. Daher verstand ich das Wort von Pater Pichon: „Die Verschiedenheit der Seelen ist weit größer als die der Gesichter." Darum ist es unmöglich, sich allen gegenüber gleich zu verhalten. *[87]*

Viel mehr als Worte vermögen das Gebet und das Opfer das Innere der Schwestern zu treffen. Diese Erfahrung habe ich sehr oft gemacht. *[88]*

Novizinnen muß alles erlaubt sein. Sie müssen sagen können, was sie denken, Gutes und Schlimmes, ohne irgendeine Einschränkung. Das fällt ihnen bei mir um so leichter, da sie mir nicht die Ehrfurcht schulden wie gegenüber einer Meisterin. ...

Mit einer Schlichtheit, die mich entzückt, sprechen die Novizinnen zu mir von all den Kämpfen, die ich ihnen verursache, und von dem, was ihnen an mir mißfällt. Kurz, sie reden so unbefangen, als handle es sich um eine andere. Und sie wissen, daß sie mir damit eine große Freude bereiten.

Ich kann mir nicht erklären, wie etwas, das der Natur so sehr widerstrebt, ein so großes Glück bereiten kann. Hätte ich es nicht erfahren, ich könnte es nicht glauben. *[89]*

Wenn ich mit einer Novizin spreche, vermeide ich es, ihr Fragen zu stellen, die meine Neugier befriedigen könnten. Denn mir scheint, man kann nichts Gutes wirken, wenn man sich selbst sucht. *[90]*

Im Sommer 1894, nach dem Tod ihres Vaters, war auch Céline in den Karmel eingetreten.

An den Kartagen 1896 erkrankte Therese an Lungentuberkulose. Von da bis zu ihrem Tod war die Krankheit begleitet von großen inneren Prüfungen, von Glaubensanfechtungen, ja sogar von Versuchungen zum Atheismus.

Als ich am Karfreitag (1896) meinen Kopf aufs Kissen legte, fühlte ich, wie etwas einer Flut gleich aufstieg, kochend, bis zu meinen Lippen. Ich wußte nicht, was es war ... Da jedoch unsere Lampe ausgeblasen war, sagte ich mir, ich will den Morgen abwarten, um mich meines Glücks zu vergewissern, denn mir schien, ich hätte Blut gespien. Nach dem Erwachen, als ich ans Fenster trat, konnte ich feststellen, daß ich mich nicht getäuscht hatte ... Es war wie ein süßes und fernes Flüstern, das mir das Nahen des Bräutigams kündete ... *[91]*

In den so fröhlichen Tagen der Osterzeit (1896) ließ Jesus zu, daß dichteste Finsternis in meine Seele eindrang. Der Gedanke an den Himmel, der mir sonst so angenehm war, war nur noch ein Anlaß zu Kampf und Qual. Diese Prüfung hat nicht nur ein paar Tage, ein paar Wochen gedauert ... *[92]*

Gerne würde ich ausdrücken, was ich fühle, aber das ist unmöglich. Man muß durch diesen dunklen Tunnel gewandert sein, um seine Finsternis zu begreifen. *[93]*

Herr, ich bin gern bereit, das Brot der Prüfung einsam zu essen, bis es dir gefällt, mich in dein lichtes Reich zu führen. Nur eine einzige Gnade will ich von dir erbitten: dich nie zu beleidigen.

[94]

Plötzlich verdichten sich die Nebel um mich her, sie dringen in meine Seele ein und umhüllen sie derart, daß ich in ihr das liebliche Bild meiner Heimat im Himmel nicht wiederzufinden vermag. Alles ist entschwunden! Suche ich Ruhe für mein ermattetes Herz in der Erinnerung an das lichtvolle Land, so verdoppelt sich meine Qual.

[95]

Die Finsternis scheint mich zu verhöhnen und mir zuzurufen: „Nur zu, freu dich über den Tod! Er wird dir nicht geben, was du erhoffst, sondern eine noch tiefere Nacht, die Nacht des Nichts."

[96]

Welch gräßliche Gedanken verfolgen mich! Es sind die Überlegungen der schlimmsten Materialisten, die sich meinem Geist aufdrängen. Muß man solche Gedanken haben, wenn man den lieben Gott so liebt? *[97]*

Eine bis zum Himmel ragende Mauer verdeckt mir das Firmament. *[98]*

Wenn ich keinen Glauben hätte, würde ich verzweifeln. Ich verstehe sehr gut, daß Menschen, die keinen Glauben haben, sich das Leben nehmen, wenn sie so viel leiden. Es braucht nur einen Augenblick, um den Verstand zu verlieren, wenn man derart leidet. *[99]*

Wenn ich das Glück des Himmels, den ewigen Besitz Gottes besinge, so empfinde ich dabei keinerlei Freude; denn ich besinge einfach, was ich *glauben will.* *[100]*

Welch ein Glück für mich, wenn ich trotz allem meine Augen auf das unsichtbare Licht richte, das sich meinem Glauben entzieht. *[101]*

Manchmal erhellt ein kleiner Sonnenstrahl meine Finsternis, dann hört die Prüfung für einen Augenblick auf. Doch statt mir Freude zu bereiten, läßt die Erinnerung an diesen Lichtstrahl meine Finsternis nur noch dichter werden. *[102]*

Der Herr hat mir diese Prüfung erst geschickt, als ich die Kraft besaß, sie auszuhalten. So barmherzig ist er! *[103]*

Jetzt, da du zu den Prüfungen der Seele das äußere Leiden hinzufügst, kann ich nicht sagen: „Mich umfangen die Fesseln des Todes" (vgl. Ps 18,5), sondern ich rufe in meiner Dankbarkeit: „Muß ich auch wandern in finsterer Schlucht, ich fürchte kein Unheil; denn du, Herr, bist bei mir" (Ps 23,5). *[104]*

Wenn ich versucht hätte, Verdienste anzuhäufen, wäre ich jetzt (in der Zeit der Krankheit) verzweifelt. Aber ich wollte nie etwas anderes, als dem lieben Gott Freude machen. *[105]*

Von April 1897 bis zu ihrem Tod am 30. September hielten die Schwestern die letzten Äußerungen Thereses in einem Notizbüchlein fest.

Ich zähle auf den lieben Gott. Es kann sein, daß ich einmal nicht mehr kann; aber ich bin sicher, es wird mir nie zuviel werden. Er wird mir beistehen bis ans Ende. *[106]*

Mir bleibt nichts in den Händen. Alles, was ich habe, alles, was ich verdiene, ist für die Kirche, für die Menschen. Und würde ich auch 80 Jahre alt werden, immer würde ich gleich arm bleiben. *[107]*

Dieses Gläschen ist ein Gleichnis für mein Leben. ... Immer kam den anderen vor, ich trinke erlesenen Likör, und in Wirklichkeit war es Bitterkeit. Ich sage Bitterkeit, aber nein! Denn mein Leben war nicht bitter, weil ich es immer verstanden habe, aus allem Bitteren meine Freude und meine Süßigkeit zu machen. *[108]*

Ich habe auf Erden das Glück und die Freude gefunden, aber nur im Leiden. *[109]*

Auch wenn ich viel und immer mehr leide, ich fürchte nichts. Der liebe Gott wird mir die Kraft geben. Er wird mich nicht verlassen. *[110]*

Mein Leben als Kranke besteht darin, ganz einfach für den lieben Gott zu leiden, und das ist alles. *[111]*

Im Himmel wird es uns der liebe Gott vergelten, daß wir aus Liebe zu ihm so schwere Habite getragen haben. *[112]*

Ich habe nur Erleuchtungen, die mich mein kleines Nichts erkennen lassen. Das nützt mir mehr als Erleuchtungen über den Glauben. *[113]*

Ich leide sehr, aber leide ich gut? Darauf kommt es an! *[114]*

Welche Gnade, den Glauben zu haben! Hätte ich nicht den Glauben gehabt, hätte ich mir längst das Leben genommen. *[115]*

Ja, mein Gott, alles, was du willst; aber hab Mitleid mit mir! *[116]*

Ich leide nur im gegenwärtigen Augenblick. So ist es nicht viel. *[117]*

Therese beschäftigte sich intensiv mit ihrem Tod.

Nie habe ich den lieben Gott gebeten, jung sterben zu dürfen. Doch immer habe ich gehofft, dies sei sein Wille. *[118]*

Ich eile mit Freuden auf dem Weg des Neuen Gebots. Bis zu dem Tag, da ich Jesus in die unendlichen Weiten folgen und sein „Neues Lied" singen werde, welches das Lied der Liebe sein muß. *[119]*

Warum sollte ich vor dem Tod Angst haben? Ich habe immer alles für den lieben Gott getan. *[120]*

In deinen Augen ist die Zeit nichts, ein einziger Tag ist wie tausend Jahre. Du kannst mich also in einem Augenblick darauf vorbereiten, vor dir zu erscheinen. *[121]*

Der liebe Gott wird kommen wie ein Dieb, zu einer Stunde, da niemand mehr daran denkt. *[122]*

Mir ist lieber, wenn man Jesus tot darstellt, dann denke ich, er leidet nicht mehr. *[123]*

Am Abend dieses Lebens werde ich mit leeren Händen vor dir erscheinen, denn ich bitte dich nicht, Herr, meine Werke zu zählen. Alle unsere Gerechtigkeit ist befleckt in deinen Augen. Ich will mich also mit deiner eigenen Gerechtigkeit bekleiden und von deiner Liebe den ewigen Besitz deiner selbst empfangen. *[124]*

Am Tod werde ich sterben! Hat nicht der liebe Gott dem Adam mit folgenden Worten gesagt, woran er sterben wird: „Du wirst des Todes sterben“ (Gen 2,17)? Das ist es ganz einfach! *[125]*

Ich bin wie ein müder, erschöpfter Reisender, der am Ziel seiner Reise hinfällt. Ja, aber es sind die Arme Gottes, in die ich falle! *[126]*

Mir fehlt die Luft der Erde. Wann werde ich die Luft des Himmels atmen können? *[127]*

Wenn man wüßte, wie sehr man für die Sterbenden beten muß! *[128]*

Am Vorabend ihres Todes:

Alles ist gut, alles ist vollendet; allein die Liebe zählt. *[129]*

Der „kleine Weg“

Der „kleine Weg“

Ich will den Weg suchen,
um in den Himmel zu kommen,
einen recht geraden, recht kurzen,
einen ganz neuen kleinen Weg. *[130]*

Was kümmert's mich, ob ich es bin oder eine andere, die den kleinen Weg zeigt; wenn er nur gezeigt wird. Auf das Werkzeug kommt es nicht an! *[131]*

Um den kleinen Weg zu gehen,
muß man demütig sein,
arm im Geist und einfach. *[132]*

Um Gott zu gehören,
muß man sehr klein sein.
Wie wenige Menschen gibt es doch,
die so klein sein möchten! *[133]*

Wir leben in einem Jahrhundert der Erfindungen, man nimmt sich jetzt nicht mehr die Mühe, die Stufen einer Treppe emporzusteigen, bei den Reichen ersetzt ein Fahrstuhl die Treppe. Auch ich möchte einen Aufzug finden, der mich zu Jesus emporhebt, denn ich bin zu klein, um die beschwerliche Treppe der Vollkommenheit hinaufzusteigen. Ich suchte daher in den heiligen Büchern nach einem Hinweis auf den Fahrstuhl, den ich begehrte, und ich stieß auf die Worte der ewigen Weisheit: „Ist jemand ganz klein, so komme er zu mir" (Spr 9,4). *[134]*

Die Arme Jesu sind der Fahrstuhl, der mich zum Himmel emporheben soll. Dazu muß ich nicht größer werden, im Gegenteil, ich muß klein bleiben, ja, mehr und mehr es werden. *[135]*

Ich tue nicht immer, was ich sage; ich bin nicht immer treu.
Doch ich verliere nie den Mut. Ich überlasse mich ganz den Armen Jesu. *[136]*

Meine Freude ist es, klein zu bleiben. Auch wenn ich auf dem Weg falle, kann ich mich schnell wieder erheben. Und Jesus nimmt mich bei der Hand. *[137]*

Gott, der um unsere Liebe bettelt, zeigt uns, daß es die kleinsten, aus Liebe getanen Handlungen sind, die sein Herz gewinnen ... Wenn es darauf ankäme, große Dinge zu vollbringen, wie sehr wären wir zu bedauern ... *[138]*

Man kann sehr wohl klein bleiben, auch wenn man verantwortungsvolle Aufgaben hat, sogar wenn man sehr alt wird. *[139]*

In den Augen Gottes zählt nicht das Alter. Ich werde es mir immer so einrichten, daß ich ein kleines Kind bleibe, auch wenn ich sehr lange leben sollte. *[140]*

Wenn alle kleinen Blumen Rosen sein wollten, so verlöre die Natur ihren Frühlingsschmuck.
Und die Fluren wären nicht mehr übersät mit kleinen Blumen. *[141]*

Die Tugend ähnelt dem demütigen Veilchen, das duftet, ohne daß man weiß, woher der Duft kommt. *[142]*

Es gefällt Jesus, den Kleinen die Weisheit zu verleihen. Einst hat er voll Freude den Vater gepriesen, weil er seine Geheimnisse den Klugen verborgen, den Kleinsten aber offenbart hat. *[143]*

In den Augen Gottes bin ich ein armes, kleines Nichts, mehr nicht. *[144]*

Nein, ich bin keine Heilige; ich habe nie die Taten der Heiligen vollbracht.
Ich bin eine ganz kleine Seele, die der liebe Gott mit Gnaden überhäuft hat. *[145]*

Die großen Heiligen haben zur Ehre Gottes gearbeitet. Ich bin nur eine kleine Seele, ich arbeite zu seiner Freude. *[146]*

Wir müssen unsere Unvollkommenheiten annehmen und lieben.
Wir sollen nicht daran arbeiten, Heilige zu werden, sondern uns nur darum bemühen, Gott Freude zu machen. *[147]*

Ich habe mich immer danach gesehnt, eine Heilige zu werden. Aber wenn ich mich mit den Heiligen verglich, stellte ich fest, daß zwischen ihnen und mir derselbe Unterschied besteht wie zwischen einem Berg, dessen Gipfel sich in den Himmel verliert, und dem unscheinbaren Sandkorn, über das die Füße der Leute achtlos hinwegschreiten. Statt zu verzagen, sagte ich mir: Der liebe Gott flößt keine unerfüllbaren Wünsche ein, ich darf also trotz meiner Kleinheit nach der Heiligkeit streben. *[148]*

Sobald Gott sieht, daß wir von unserem Nichts überzeugt sind, reicht er uns die Hand. Solange wir noch versuchen, etwas Großes zu tun, sei es auch unter dem Vorwand des Eifers, läßt uns die Liebe Jesu allein. *[149]*

Fassen wir uns an der Hand,
und eilen wir an den letzten Platz. ...
Niemand wird ihn uns streitig machen. *[150]*

Alles will ich Jesus schenken.
Und wenn ich glaube, ich habe nichts,
was ich ihm schenken kann,
dann gebe ich ihm, wie heute abend,
dieses Nichts! *[151]*

Liebe Schwester, bitte das Jesuskind für mich,
daß ich immer klein bleibe, ganz klein! *[152]*

Die großen Seelen können über die Dinge hinweggehen, die Schwierigkeiten umgehen, durch Überlegung oder Tugend sich darüber hinwegsetzen.
Aber wir, die wir ganz klein sind, sollen das gar nicht erst versuchen. Schlüpfen wir darunter hindurch! *[153]*

Vor Gott ein kleines Kind bleiben besteht darin, daß man sein Nichts anerkennt, alles von ihm erwartet, so wie ein kleines Kind alles von seinem Vater erwartet; daß man sich um nichts Sorgen macht, kein Vermögen erwirbt. Auch bei den Armen gibt man dem Kind, was es braucht, sobald es aber groß wird, will sein Vater nicht mehr für seinen Unterhalt sorgen. Er sagt zu ihm: Jetzt mußt du arbeiten, du kannst dich jetzt selber erhalten. Weil ich das nicht hören wollte, wollte ich nicht groß werden, denn ich fühlte mich unfähig, meinen Lebensunterhalt zu verdienen, nämlich das ewige Leben im Himmel. So bin ich immer klein geblieben. *[154]*

Kinder fallen oft, aber sie sind zu klein, um sich weh zu tun. *[155]*

Ich sagte mir, daß die Kinder oft mehr Freude an kleinem Spielzeug haben, das sie liegenlassen oder ergreifen, zerschlagen oder liebkosen können, wie es ihnen gerade einfällt, als anderes von höherem Wert, das sie kaum zu berühren wagen ... Da freute ich mich, arm zu sein, ich wünschte, es täglich mehr zu werden, damit Jesus von Tag zu Tag mehr Freude daran habe, mit mir zu spielen. *[156]*

Schwach sein dürfen

Was macht es Jesus aus, wenn ich jeden Augenblick falle.
Ich sehe darin meine Schwachheit, und für mich ist es ein Gewinn. *[157]*

Ich hoffe, Gott schaut nicht auf meine Schwachheit, oder vielmehr, er benützt gerade meine Schwachheit, um sein Werk auszuführen; denn der starke Gott liebt es, seine Macht zu zeigen, indem er sich des Nichts bedient. *[158]*

Ich erfahre täglich neu, wie schwach ich bin. Jesus gefällt es, mir wie dem heiligen Paulus die Kunst zu lehren, sich seiner Schwachheiten zu rühmen. Das ist eine große Gnade. Nur da sind Friede und Ruhe des Herzens zu finden. *[159]*

Ich wundere mich jetzt über nichts mehr, ich betrübe mich nicht, wenn ich sehe, daß ich die Schwäche selbst bin;
im Gegenteil, ich rühme mich ihrer und mache mich jeden Tag darauf gefaßt, neue Unvollkommenheiten in mir zu entdecken. *[160]*

Es ist meine Schwäche,
die meine ganze Kraft ausmacht. *[161]*

Für schöne Gedanken und erhabene Gefühle hat Gott seine Engel ...
Er könnte die Menschen vollkommen und ohne Schwächen schaffen, wenn er wollte. Aber nein, er freut sich über die armen, kleinen Geschöpfe, die so schwach und elend sind. *[162]*

Ich weiß nur zu gut, wie schwach ich bin. Ich würde nicht wagen, dem lieben Gott wie der heilige Petrus zu sagen: „Ich werde dich niemals verleugnen!“ *[163]*

Ich muß mich ertragen, wie ich bin, mit all meinen Unvollkommenheiten. *[164]*

Mein kleines System besteht darin,
immer froh zu sein, immer zu lächeln,
ob ich falle oder einen Sieg davontrage. *[165]*

Ich bin sehr unvollkommen,
aber es kostet mich keine große Mühe,
mich wieder aufzurichten,
wenn ich gefallen bin. *[166]*

Ich bin weit davon entfernt,
in die Tat umzusetzen, was ich erkenne,
aber schon der bloße Wunsch danach
gibt mir Frieden. *[167]*

Demut

Gott ist ganz frei, dem Menschen gute Gedanken zu schenken. Nähme ich aber an, ein guter Gedanke gehörte mir, so gliche ich dem Reliquien tragenden Esel, der meinte, die den Heiligen erwiesene Verehrung gelte ihm. *[168]*

Ich bin zu klein, um schöne Phrasen zu drechseln in der Absicht, glauben zu machen, ich besäße viel Demut.
Ich bekenne lieber schlicht und einfach, daß der allmächtige Gott in seinem kleinen Kind Großes gewirkt hat. Und das Größte besteht darin, daß er mir seine Kleinheit, seine Ohnmacht offenbart hat. *[169]*

Die Demut hindert mich nicht daran, die Gaben Gottes anzuerkennen.
Ich weiß, daß er große Dinge an mir getan hat, und glücklich besinge ich das jeden Tag. *[170]*

Demut ist Wahrheit. *[171]*

Soviel Demut, soviel Glück! *[172]*

Demut besteht nicht darin, daß man von sich denkt, man sei voller Fehler, sondern darin, daß man lernt, sich auch dann zu freuen, wenn andere es denken – und sagen! *[173]*

Vertrauen

Nicht zum ersten Platz,
nein zum letzten eile ich hin;
statt mit dem Pharisäer vorzutreten,
wiederhole ich voll Vertrauen
das demütige Gebet des Zöllners:
„Gott, sei mir Sünder gnädig!" *[174]*

Es gefällt dem lieben Gott,
daß ich meine Kleinheit
und meine Armut liebe,
meine blinde Hoffnung
auf seine Barmherzigkeit. *[175]*

Auch wenn ich alle Werke des heiligen Paulus vollbracht hätte, würde ich mich als „unnützer Knecht" fühlen. Aber gerade das macht meine Freude aus, denn wenn ich nichts habe, werde ich alles vom lieben Gott empfangen. *[176]*

Die Heiligkeit besteht nicht in dieser oder jener Übung, sondern sie ist eine Gesinnung des Herzens, die uns demütig macht und klein in den Armen Gottes; durch sie sind wir uns unserer Schwachheit bewußt und vertrauen bis zur Verwegenheit auf seine Vatergüte. *[177]*

Schimpft ein Vater mit seinem Kind, wenn es einen Fehler eingesteht? Straft er es dann? Nein, sicher nicht. Im Gegenteil, er drückt es an sein Herz. *[178]*

Alles will ich vom lieben Gott erwarten, wie ein kleines Kind alles von seinem Vater erwartet. *[179]*

Könnte ein kleines Kind, das ganz allein in einem Nachen auf dem Meer treibt, mitten in den stürmischen Wellen, wissen, ob es dem Hafen nah oder fern ist? Solange sein Auge das Ufer noch erblicken kann, von dem es abgefahren ist, weiß es, welchen Weg es zurückgelegt hat. Sieht es das Land sich entfernen, so kann es seine kindliche Freude nicht mehr zügeln. Oh! ruft es aus, jetzt bin ich bald am Ende meiner Fahrt. Je weiter es sich aber vom Strand entfernt, desto unermeßlicher erscheint das Meer. Damit zerrinnt das

Wissen des kleinen Kindes. Es weiß nicht mehr, wohin sein Schifflein fährt. Da es sich nicht darauf versteht, ein Steuer zu handhaben, kann es nur eines tun: sich preisgeben, sein Segel im Wind treiben lassen. *[180]*

Für den, der einen Glauben hat so groß wie ein Senfkorn, für den tut Gott Wunder; er versetzt Berge, um diesen kleinen Glauben zu festigen. *[181]*

Mein Weg ist ganz Vertrauen und Liebe.
Ich verstehe die Menschen nicht, die vor einem so liebevollen Freund Angst haben. *[182]*

Wenn wir unser Vertrauen auf den lieben Gott setzen, all unsere kleinen Anstrengungen treu auf uns nehmen und alles von seiner Barmherzigkeit erhoffen, werden wir genauso belohnt werden wie die großen Heiligen. *[183]*

Man erlangt von Gott so viel, wie man von ihm erhofft. *[184]*

Welche Freude zu denken, daß Gott gerecht ist! Das heißt, daß er unserer Schwäche Rechnung trägt, daß er um die Gebrechlichkeit unserer Natur genau weiß. Wovor sollte ich mich also fürchten? Ach, der unendliche Gott, der sich herabließ, dem verlorenen Sohn alle seine Fehler mit so viel Güte zu vergeben, sollte er nicht auch mir gegenüber gerecht sein? *[185]*

Ich zähle nicht auf meine Verdienste, da ich gar keine besitze, sondern hoffe auf den, der die Tugend, die Heiligkeit selbst ist. *[186]*

Der Vater, der ins Verborgene sieht, blickt mehr auf die Absicht als auf die Größe der Leistung. *[187]*

Wenn man Kupfer putzt, beschmiert man das Geschirr mit Schlamm, mit einem Stoff, der beschmutzt und trüb macht; nachher, wenn dieser abgerieben ist, glänzt das Geschirr wie Gold. Die Versuchungen sind für die Seele wie dieser Schlamm: Sie dienen dazu, die entgegengesetzten Tugenden in uns erglänzen zu lassen. *[188]*

Das Vertrauen wirkt Wunder. *[189]*

Der liebe Gott

Der liebe Gott ist mir immer beigestanden; seit meiner frühesten Kindheit hat er mir geholfen und mich an der Hand geführt. *[190]*

Deine Liebe, mein Gott, wuchs mit mir heran. Nun ist sie ein Abgrund, dessen Tiefe ich nicht auszuloten vermag. *[191]*

Ich sah durch das Fenster, wie die Sonne unterging und ihr letztes Feuer über die Natur ergoß. Die Wipfel der Bäume erschienen wie vergoldet. Da sagte ich mir: Welch ein Unterschied, ob man im Schatten bleibt oder ob man sich der Sonne der Liebe aussetzt. Es scheint, als sei ich ganz golden. In Wirklichkeit bin ich es nicht; denn würde ich mich von der Liebe entfernen, so wäre ich nicht mehr golden. *[192]*

Ich weiß, daß Gott unendlich gerecht ist ..., und diese Gerechtigkeit ist für mich Gegenstand meiner Freude und meines Vertrauens. ... Ich erhoffe von Gottes Gerechtigkeit so viel wie von seiner Barmherzigkeit. Weil er gerecht ist, ist er barmherzig und gnädig, langmütig und reich an Güte. Er denkt daran, daß wir nur Staub sind. Wie ein Vater seine Kinder liebt, so erbarmt sich der Herr über uns. *[193]*

Es ist so schön,
den lieben Gott unseren Vater zu nennen. *[194]*

Gott ist zärtlicher als eine Mutter. *[195]*

Der liebe Gott
ist nichts als Liebe und Erbarmen. *[196]*

Der liebe Gott gibt uns seine größten Schätze,
und zwar umsonst. *[197]*

Gott ist bewunderungswürdig,
aber vor allem ist er liebenswert. *[198]*

Mein Gott,
du hast meine Erwartungen übertroffen,
und ich, ich will von deiner Liebe singen. [199]

Indem Gott herabsteigt,
bekundet er seine unermeßliche Größe. [200]

Der liebe Gott gibt mir alles in dem Maß,
wie ich es brauche. [201]

Du weißt es, mein Gott,
nie habe ich mir etwas anderes gewünscht,
als dich zu lieben,
ich begehre nach keiner anderen Ehre. [202]

Mein Leben ist
wie ein Augenblick, der vergeht,
wie ein Tag, der verfliegt.
Mein Gott, du weißt,
um dich auf der Erde zu lieben,
habe ich nur das Heute. [203]

Der liebe Gott hat für mich gearbeitet,
jetzt arbeite ich für ihn. *[204]*

Um dich zu lieben, wie du mich liebst,
muß ich mir deine eigene Liebe ausleihen.
Dann erst finde ich Ruhe. *[205]*

Den Willen Gottes tun

Ich habe mich bemüht, Gott zu lieben, und dabei erkannte ich, daß sich meine Liebe nicht nur in Worten äußern durfte, denn: „Nicht jene, die zu mir sagen: Herr, Herr, werden ins Himmelreich eingehen, sondern die den Willen meines Vaters tun" (Mt 7,21). *[206]*

Was der liebe Gott von mir möchte, gefällt mir. Nur das würde ich wählen, wenn ich die Wahl hätte. Ich finde meinen Teil immer schön. *[207]*

Meine Freude ist der Wille Jesu.
So lebe ich ohne Furcht,
liebe die Nacht ebenso wie den Tag. *[208]*

Wer Frieden sagt, sagt nicht Freude,
zumindest nicht fühlbare Freude.
Um in Frieden zu leiden, genügt es,
alles gerne zu wollen, was Jesus will. *[209]*

Es heißt, daß Geben seliger ist als Nehmen; und das stimmt. Wenn aber Jesus die Freude des Schenkens für sich beansprucht, dann wäre es sehr unartig, abweisend zu sein.
Lassen wir ihn nehmen und geben, was er will. Die Vollkommenheit besteht darin, seinen Willen zu tun. *[210]*

Es ist wahr, ich bin wie ein Buchfink, außer wenn ich Fieber habe. Glücklicherweise befällt es mich gewöhnlich abends, wenn die Buchfinken schlafen und den Kopf unter die Flügel stecken. Ich wäre nicht so heiter, wie ich bin, wenn der liebe Gott mir nicht zeigte, daß die einzige Freude auf Erden darin besteht, seinen Willen zu erfüllen. *[211]*

Alles ist wohlgetan,
wenn man nur eines versucht:
den Willen Jesu zu tun. *[212]*

Die Vollkommenheit besteht darin,
Gottes Willen zu tun,
das zu sein,
was er will, daß wir seien. *[213]*

Ich habe oft bemerkt, daß Jesus mir keine Vorräte geben will; er nährt mich jeden Augenblick mit einer ganz neuen Nahrung. Ich finde sie in mir vor, ohne zu wissen, wie. Ich glaube ganz einfach, daß Jesus selbst in meinem armen kleinen Herzen verborgen ist und mir die Gnade erweist, in mir zu wirken. Er gibt mir alles ein, was ich nach seinem Willen im gegenwärtigen Augenblick tun soll. *[214]*

Ich suchte nicht, geliebt zu werden;
ich kümmerte mich nicht darum,
was man von mir sagen oder denken mochte;
ich wollte nur meine Pflicht tun
und den lieben Gott zufriedenstellen. *[215]*

Lieben

Nur die Liebe kann uns
dem lieben Gott wohlgefällig machen.
Sie ist das einzige Gut,
das ich begehre. *[216]*

Die Angst wirft mich zurück,
während ich mit der Liebe nicht nur vorangehe,
sondern fliege. *[217]*

Würde die Liebe erlöschen,
so würden die Apostel
das Evangelium nicht mehr verkünden,
die Märtyrer sich weigern,
ihr Blut zu vergießen. *[218]*

Ohne Liebe sind alle Werke ein Nichts, selbst die großartigsten, wie die Auferweckung von Toten und die Bekehrung von Völkern. *[219]*

Die Liebe schließt alle Berufungen in sich,
die Liebe ist alles,
sie umspannt alle Zeiten und Orte ...
Mit einem Wort, sie ist ewig. *[220]*

Die Liebe ist der vortrefflichste Weg,
der mit Sicherheit zu Gott führt. *[221]*

Ich habe meine Berufung gefunden, meine Berufung ist die Liebe! Ja, ich habe meinen Platz in der Kirche gefunden, und diesen Platz, mein Gott, den hast du mir geschenkt ... Im Herzen der Kirche, meiner Mutter, werde ich die Liebe sein ... So werde ich alles sein ..., so wird mein Traum Wirklichkeit werden. *[222]*

Ich kenne keinen anderen Weg, um zur Vollkommenheit zu gelangen, als die Liebe.
Wie ist unser Herz dafür geschaffen! ...
Manchmal suche ich ein anderes Wort, um die Liebe auszudrücken, aber die Worte sind unfähig, alle Schwingungen der Seele wiederzugeben, deshalb müssen wir uns an dieses einzige Wort halten: Lieben! *[223]*

Wie schön ist unsere Religion!
Anstatt die Herzen zu verengen (wie man meint),
erhebt sie diese und macht sie fähig zu lieben,
zu lieben mit einer fast unendlichen Liebe. *[224]*

Die kleinste und verborgenste Tat,
die aus Liebe getan wurde,
ist oft mehr wert als die großen Taten.
Nicht einmal die Vollkommenheit des Tuns zählt,
sondern nur die Liebe, mit der man etwas tut.
[225]

Solange die Liebe in unseren Herzen ist,
ist alles gut.
Wie der heilige Johannes vom Kreuz sagt:
„Die Liebe kann aus allem nur Gewinn ziehen,
aus dem Guten und aus dem Bösen,
das sie in mir findet;
sie kann alle Dinge in sich verwandeln.“
[226]

Ich spekuliere an der Börse der Liebe, ich spekuliere mit hohen Einsätzen. Wenn ich verliere, werde ich es schon merken. Ich kümmere mich aber nicht sehr um meine Geschäfte. Jesus erledigt das für mich. Ich weiß nicht, ob ich reich oder arm bin; das werde ich später schon sehen. *[227]*

Soweit es möglich ist,
halte ich verborgen, was ich tue,
und lege es auf die Bank des lieben Gottes,
ohne mich zu beunruhigen,
ob es Zinsen trägt oder nicht. [228]

Jesus schaut nicht auf die Zeit,
denn im Himmel gibt es keine Zeit mehr.
Er schaut nur auf die Liebe. [229]

Man kann fallen,
man kann Treulosigkeiten begehen,
aber die Liebe weiß aus allem Nutzen zu ziehen,
und rasch verzehrt sie alles,
was Jesus mißfallen kann,
und läßt im Grunde des Herzens nichts zurück
als demütigen und tiefen Frieden. [230]

Jesus schaut nicht so sehr darauf,
wie groß oder schwierig unsere Taten sind,
als vielmehr auf die Liebe,
mit der sie vollbracht werden. [231]

Die Liebe vermag alles.
Selbst die unmöglichsten Dinge
erscheinen ihr nicht schwierig. *[232]*

Allein die Liebe
kann mein Herz weit machen. *[233]*

Hat die Liebe in uns tiefe Wurzeln geschlagen,
tritt sie nach außen in Erscheinung. *[234]*

Schöne, heilige Gedanken denken,
Heiligenleben schildern –
das alles wiegt es nicht auf,
einer Frage, einer Bitte
liebevoll Antwort zu geben. *[235]*

Es gibt keinen Künstler, der nicht gern Lob für seine Werke empfängt. Auch Jesus ist glücklich, wenn man nicht beim äußerlichen Anschein des Menschen stehenbleibt, sondern dessen innere Schönheit bewundert, die Seele, in der er Wohnung genommen hat. *[236]*

„Die Nächstenliebe“, sagt der heilige Alfons von Liguori, „besteht darin, die Unerträglichen zu ertragen.“ *[237]*

Man muß das Gute säen,
ohne sich darum zu sorgen,
ob es aufgehen wird. *[238]*

Es ist der Liebe eigen, großzügig zu geben, nie zu rechnen, keine Hoffnung auf Früchte zu hegen.
Die Liebe gibt alles, aber wir stellen leider erst viele Überlegungen an; wir zögern, wenn wir auf unseren Vorteil verzichten sollen.
Das ist keine Liebe. *[239]*

Ich tue alles für den lieben Gott, so kann ich nichts verlieren und bin immer reichlich belohnt für alle Mühe, die ich im Dienst am Nächsten auf mich nehme. *[240]*

Jesus

Jesus verspricht uns, daß wir seine Mutter und seine Schwester werden. Denn er sagt in seinem Evangelium: „Wer den Willen meines Vaters tut, der ist mir Mutter, Bruder, Schwester“ (Mt 12,50). Ja, wer Jesus liebt, ist seine ganze Familie. Er findet in seinem Herzen, das nicht seinesgleichen hat, alles, wonach er verlangt. Er findet darin seinen Himmel. *[241]*

Jesus, laß mich im Überschwang meiner Dankbarkeit dir sagen, daß deine Liebe bis zum Wahnsinn geht. Sag mir, wie könnte mein Herz dir nicht entgegenfliegen angesichts dieser großen Liebe? Wie sollte mein Vertrauen Grenzen kennen? *[242]*

Ich weiß, für dich, Jesus, haben die Heiligen auch große Dinge vollbracht. Jesus, ich bin zu klein, um Großes zu tun ... Meine Verrücktheit besteht darin, zu hoffen, daß deine Liebe meine Hingabe annehme. *[243]*

Jesus, könnte ich doch allen Menschen sagen,
wie unaussprechlich groß
deine barmherzige Liebe ist. *[244]*

Ich bin glücklich,
Jesus zu folgen aus Liebe zu ihm allein,
nicht seiner Gaben wegen. ...
Jesus ist schön,
auch wenn er schweigt,
auch wenn er sich verbirgt. *[245]*

Jesus bedarf unserer Werke nicht, sondern nur unserer Liebe ... Er hat sich nicht gescheut, von der Samariterin ein wenig Wasser zu erbetteln. Ihn dürstete, aber als er sagte: „Gib mir zu trinken“, da war es die Liebe seines armen Geschöpfes, die der Schöpfer des Universums forderte. Er hatte Durst nach Liebe ... Unter seinen eigenen Jüngern findet er so wenige, die sich ihm ohne Rückhalt hingeben, die die ganze Zärtlichkeit seiner unendlichen Liebe verstehen. *[246]*

Liebe zieht Liebe an, darum, Jesus, stürzt meine Liebe dir entgegen, möchte den Abgrund, der sie anzieht, ausfüllen, aber ach!, sie ist nicht einmal ein Tautropfen, verloren im Ozean! *[247]*

Wie klein war die Zahl der Freunde unseres Herrn, als er vor den Richtern schwieg! Welche Melodie ist dieses Schweigen Jesu für mein Herz. Er wird arm, damit wir ihm Liebe erweisen können, er hält uns wie ein Bettler die Hand hin, damit er am strahlenden Gerichtstag, wenn er in seiner Herrlichkeit erscheinen wird, uns die beglükkenden Worte zurufen kann: „Kommt, ihr Gesegneten meines Vaters, denn ich war hungrig, und ihr gabt mir zu essen; ich war durstig, und ihr gabt mir zu trinken; ich wußte nicht, wo ich wohnen könnte, und ihr habt mir Unterkunft gewährt; ich war im Gefängnis, ich war krank, und ihr standet mir bei." *[248]*

Es war eine Narrheit Jesu, auf die Suche nach armen, kleinen sterblichen Menschenherzen zu gehen ... Er war ein Narr, unser Geliebter, da er auf die Erde kam, um Sünder zu seinen Freunden zu machen, zu seinen Vertrauten, zu Seinesgleichen, er, der mit den beiden Personen der Dreieinigkeit vollkommen glücklich war! ... Nie könnten wir für ihn die Torheiten vollbringen, die er für uns beging, und unsere Handlungen verdienen diesen Namen gar nicht, denn sie sind sehr vernünftig und weit unter dem, was unsere Liebe vollbringen möchte. *[249]*

„Wahrhaftig, die Ernte ist groß, aber der Arbeiter sind wenige. Bittet daher den Herrn der Ernte, daß er Arbeiter sende“ (Mt 9,38).
Welches Geheimnis! ...
Ist Jesus nicht allmächtig? Gehören die Geschöpfe nicht dem, der sie erschaffen hat? Warum sagt Jesus dann: „Bittet den Herrn der Ernte, daß er Arbeiter sende“? Warum? Weil Jesus eine so unbegreifliche Liebe zu uns hat ... Er will nichts tun ohne uns. *[250]*

Ich brauche einen Gott, der meine Natur annimmt, der mein Bruder wird und leiden kann. *[251]*

„Kinder“, sagte Jesus zu den Aposteln, „habt ihr nichts zu essen?“ – „Herr“, antwortete der heilige Petrus, „wir haben die ganze Nacht gefischt und nichts gefangen.“ Wenn er ein paar kleine Fische gefangen hätte, hätte Jesus vielleicht kein Wunder gewirkt, aber er hatte nichts, und so füllte Jesus sein Netz, daß es fast zerriß. Eben das ist Jesu Art: Er gibt als Gott, aber er verlangt die Demut des Herzens. *[252]*

Was Jesus verletzt,
was sein Herz verwundet,
ist der Mangel an Vertrauen. *[253]*

„Ihr habt in allen meinen Prüfungen mit mir ausgeharrt, so vererbe ich euch mein Reich, wie es mein Vater mir vererbt hat.“

Die Prüfungen Jesu, welch ein Geheimnis! Auch er hatte Prüfungen, oft ist er allein, um in der Kelter den Wein zu treten. Er sucht Tröster und kann keine finden ... Viele dienen Jesus, wenn er sie tröstet, aber wenige sind bereit, Jesus Gesellschaft zu leisten, wenn er auf dem Meer schläft oder im Garten der Todesangst leidet!

[254]

Die Null an sich ist wertlos, aber zu einer Eins gesellt, wird sie mächtig, vorausgesetzt, daß sie sich auf die richtige Seite stellt, hinter und nicht vor die Zahl! ... Genau da hat Jesus mich hingestellt, und ich hoffe, immer da zu bleiben. *[255]*

Wäre ich mehr eins gewesen mit dir, wäre ich liebevoller gewesen zu meinen Schwestern, demütiger und freier von mir selbst, fiele es mir leichter, mich mit dir zu unterhalten. Doch ich verliere nicht den Mut, weil ich mein Elend sehe, sondern ich komme voll Vertrauen zu dir, denn ich denke, daß „nicht die Gesunden den Arzt brauchen, sondern die Kranken".

Daher flehe ich dich an, mich zu heilen und mir zu verzeihen. Ich erinnere mich, Herr, an dein Wort, daß der, dem viel vergeben wird, auch viel lieben muß. *[256]*

Das Eigentümliche der Liebe ist, sich zu erniedrigen. ... Wie die Sonne zugleich die Zeder bescheint und jede kleine Blume, als wäre nur sie auf der Erde, so befaßt sich unser Herr mit jedem einzelnen, als ob er einzig auf der Welt wäre.

[257]

Herr, du weißt, daß ich dich liebe, aber hab Erbarmen mit mir, denn ich bin ein Sünder. *[258]*

Jesus verlangt keine großen Taten, sondern Hingabe und Dankbarkeit. *[259]*

Herr, du kennst meine Schwachheit. Jeden Morgen nehme ich mir vor, demütig zu sein, und am Abend erkenne ich, daß ich sehr oft hochmütig gewesen bin. In dieser Hinsicht bin ich versucht, den Mut zu verlieren, aber ich weiß, auch die Entmutigung kommt aus dem Stolz.

Also will ich meine Hoffnung auf dich allein setzen, denn du bist allmächtig. Gib mir die Tugend, die ich wünsche. Um diese Gnade deiner unendlichen Barmherzigkeit zu erhalten, werde ich dir immer wieder sagen: Jesus, du bist demütig und gütig von Herzen, gestalte mein Herz nach deinem Herzen. *[260]*

Die Liebe unseres Herrn offenbart sich in der einfachsten Seele, die in nichts seiner Gnade widersteht, ebenso wie in der erhabensten, da es das Eigentümliche der Liebe ist, sich zu erniedrigen. *[261]*

Wie gut hat Gott daran getan,
Mensch zu werden. *[262]*

Nur danach verlange ich:
Jesus Freude zu machen. *[263]*

Unsere arme Natur ist unser Reichtum. Sie ist so kostbar, daß Jesus eigens dazu auf die Erde kam, sie zu besitzen. *[264]*

Jesus ist es, der mein Schifflein steuert, und ich bin sicher, er wird es glücklich den Hafen anlaufen lassen an dem Tag, da er will. *[265]*

Erheben wir uns über das Vergängliche.
Weiter oben ist die Luft so rein.
Jesus verbirgt sich zwar, aber man ahnt ihn. *[266]*

Die Apostel arbeiteten ohne unseren Herrn die ganze Nacht und fingen keinen Fisch, doch ihre Arbeit gefiel Jesus. Er wollte sie davon überzeugen, daß er allein uns etwas geben kann. *[267]*

Wenn man Jesus fühlt, würde man gern alles für ihn tun. Aber nein, er scheint tausend Meilen entfernt, und wir sind mit uns selbst allein. Welch öde Gesellschaft, wenn Jesus nicht dabei ist!

[268]

Jesus hat so Großes mit uns vor ... Heute morgen habe ich einen Abschnitt aus dem Evangelium gelesen, worin es heißt: „Ich bin nicht gekommen, den Frieden zu bringen, sondern das Schwert" (Mt 10,34). Es bleibt uns nur zu kämpfen. Und wenn wir die Kraft dazu nicht haben, kämpft Jesus für uns. *[269]*

Ich fragte mich: Wie hat Jesus seine Jünger geliebt? Und ich sah, daß es nicht wegen ihrer natürlichen Eigenschaften geschah. Denn sie waren unwissend und voll irdischer Gedanken. Dennoch nennt er sie seine Freunde, seine Brüder. Er will sie bei sich haben im Reich seines Vaters. Und um ihnen dieses Reich zu erschließen, will er am Kreuz sterben. Er sagt: „Es gibt keine größere Liebe, als sein Leben hinzugeben für jene, die man liebt." *[270]*

Der Weg, dem ich folge, hat keinerlei Trost für mich, und dennoch bringt er mir allen Trost, weil Jesus ihn ausgewählt hat und ich das Verlangen habe, ihn allein zu trösten, ihn allein! ... Ich verstehe mich selbst nicht mehr. *[271]*

Wir besitzen die Wahrheit – indem wir Jesus in unserem Herzen bewahren! *[272]*

Tod oder Leben, was können sie mir anhaben?
Meine Freude ist es, dich zu lieben, Jesus. *[273]*

Das Wort Gottes leben

„Wenn jemand mich liebt, wird er mein Wort bewahren, und mein Vater wird ihn lieben, und wir werden zu ihm kommen, und wir werden bei ihm unsere Wohnung nehmen."

Das Wort Jesu bewahren, das ist die einzige Bedingung für unser Glück, der Beweis unserer Liebe zu ihm. Aber was ist dieses Wort? Mir scheint, das Wort Jesu ist er selbst! ... Er, Jesus, ist das Wort, das Wort Gottes! *[274]*

Wenn ich das Buch eines religiösen Schriftstellers aufschlage (und wäre es das schönste, das ergreifendste), so fühle ich sofort, wie mein Herz sich zusammenschnürt, und ich lese sozusagen, ohne zu verstehen, oder wenn ich verstehe, so erstarrt mein Geist, ohne betrachten zu können. In diesem Unvermögen kommen mir die Heilige Schrift und die „Nachfolge Christi" zu Hilfe; in ihnen finde ich kräftige und ganz reine Nahrung. *[275]*

Ich brauche die Augen nur auf das Evangelium zu werfen, sogleich atme ich den Wohlgeruch des Lebens Jesu und weiß, nach welcher Seite ich laufen muß. Nicht zum ersten Platz, nein zum letzten eile ich hin: Statt mit dem Pharisäer vorzutreten, wiederhole ich voll Vertrauen das demütige Gebet des Zöllners; vor allem aber ahme ich das Verhalten Magdalenas nach, ihre erstaunliche oder vielmehr ihre liebende Kühnheit. *[276]*

Manchmal, wenn ich gewisse geistliche Abhandlungen lese, in denen die Vollkommenheit durch tausenderlei Erschwerungen hindurch und von einer Menge Illusionen umgeben beschrieben wird, ermüdet mein armer, kleiner Geist gar schnell. Ich schließe dann das gelehrte Buch, das mir Kopfschmerzen macht und das Herz austrocknet, und greife zur Heiligen Schrift. Dann erscheint mir alles voll Licht. Ein einziges Wort erschließt meiner Seele unendliche Horizonte, die Vollkommenheit erscheint mir leicht, ich sehe, daß es genügt, sein Nichts zu erkennen und sich wie ein Kind Gott in die Arme zu werfen. *[277]*

Die schönen Bücher, die ich nicht verstehen und noch weniger in die Tat umsetzen kann, überlasse ich den großen Seelen, den großen Geistern, und freue mich, daß ich klein bin, weil nur die Kinder und die, die ihnen ähnlich sind, zum himmlischen Mahl zugelassen werden. Ich bin sehr glücklich, daß es im Reich Gottes viele Wohnungen gibt, denn gäbe es nur jene, deren Beschreibung und Zugang mir unverständlich sind, könnte ich nicht dort eintreten. *[278]*

Zeige mir, Jesus, die im Evangelium verborgenen Geheimnisse, damit dieses goldene Buch mein liebster Schatz sei. *[279]*

In meinem Beten spricht mich vor allem das Evangelium an. In ihm finde ich alles, was meine arme Seele braucht. Ich entdecke darin stets neue Einsichten, verborgene, geheimnisvolle Sinngehalte. *[280]*

In Erinnerung daran, daß die Liebe die Menge der Sünden zudeckt, schöpfe ich aus dem ergiebigen Bergwerk, das Jesus in seinem Evangelium erschlossen hat. *[281]*

Über das Beten

Wie groß ist doch die Macht des Gebetes! Man könnte es mit einer Königin vergleichen, die all zeit freien Zutritt beim König hat und alles erlangen kann, worum sie bittet. [282]

Es ist durchaus nicht nötig, ein schönes, für den entsprechenden Fall formuliertes Gebet aus einem Buch zu lesen, um Erhörung zu finden. Träfe das zu, wie wäre ich zu bedauern! [283]

Es gibt so viele Gebete. Und eines ist schöner als das andere ... Ich kann nicht alle Gebete sprechen, und da ich nicht weiß, welches ich auswählen soll, mache ich es wie die Kinder, die nicht lesen können: Ich sage dem lieben Gott ganz einfach, was ich ihm sagen will, ohne schöne Worte zu machen. Und er versteht mich immer ... [284]

Für mich ist das Gebet ein Schwung des Herzens,
ein einfacher Blick zum Himmel,
ein Ruf der Dankbarkeit und der Liebe,
aus der Mitte der Prüfung
wie aus der Mitte der Freude;
kurz, es ist etwas Großes, Übernatürliches,
das mir die Seele weitet
und mich mit Jesus vereint. *[285]*

Ich liebe die gemeinsamen Gebete sehr,
denn Jesus hat verheißen,
er werde mitten unter denen sein,
die sich in seinem Namen versammeln.
Dann fühle ich,
wie der Eifer meiner Mitschwestern
den meinen ergänzt. *[286]*

Manchmal, wenn mein Geist sich in so großer Trockenheit befindet, daß es mir unmöglich ist, einen Gedanken zu fassen, der mich dem lieben Gott vereint, bete ich sehr langsam ein Vaterunser und darauf den „Engel des Herrn“; dann entzükken mich diese Gebete, sie nähren meine Seele weit mehr, als wenn ich sie hastig hundertmal hergesagt hätte. *[287]*

Wenn ich vor dem Tabernakel weile, habe ich unserem Herrn nur eines zu sagen: „Mein Gott, du weißt, daß ich dich liebe.“ Und ich fühle, daß mein Gebet Jesus nicht lästig ist. *[288]*

Oft ist das Schweigen die einzige Art, in der ich mein Gebet ausdrücken kann; doch der göttliche Gast im Tabernakel versteht alles, auch das Schweigen einer von Dankbarkeit erfüllten Kinderseele. *[289]*

Das Schweigen tut der Seele wohl. *[290]*

Es ist besser, *mit* Gott zu sprechen als *von* ihm, denn in die geistlichen Gespräche mischt sich viel Eigenliebe. *[291]*

Ich werde dem lieben Gott so lange in den Ohren liegen, bis ihn meine Zudringlichkeit zwingt, meine Wünsche zu erfüllen, wenn er mich zunächst auch abweisen wollte. Diese Geschichte steht im Evangelium (vgl. Lk 11,5-8). *[292]*

Schöpften Paulus, Augustinus, Johannes vom Kreuz, Thomas von Aquin, Franziskus, Dominikus und so viele andere erlauchte Freunde Gottes nicht alle ihre göttliche Erkenntnis ... aus dem Gebet?

Ein Gelehrter hat gesagt: „Gebt mir einen Hebel, einen Stützpunkt, und ich werde die Welt aus den Angeln heben."

Was Archimedes nicht erreichen konnte, weil seine Forderung sich nicht an Gott richtete und nur das Stoffliche betraf, das erlangten die Heiligen in ganzer Fülle. Der Allmächtige gab ihnen als Stützpunkt Gott selbst und Gott allein und als Hebel das Gebet, das mit dem Feuer der Liebe erfüllt ist. Auf diese Art haben sie die Welt aus den Angeln gehoben. *[293]*

Es ist mir immer möglich,
dem lieben Gott zu sagen,
daß ich ihn liebe,
und ich finde, das genügt. *[294]*

Ich habe diese Erfahrung gemacht: Wenn ich nichts empfinde, wenn ich unfähig bin zu beten, die Tugend zu üben, dann ist es an der Zeit, kleine Gelegenheiten zu suchen, Nichtigkeiten, die Jesus Freude bereiten, mehr Freude als die Herrschaft über die Welt, sogar mehr als das großmütig erlittene Martyrium, beispielsweise ein Lächeln, ein liebes Wort, wenn ich nichts sagen oder ein verdrießliches Gesicht machen möchte usw. usw. *[295]*

Nach dem Empfang der Kommunion:

Es ist, als hätte man zwei kleine Kinder zusammengetan und die beiden sprächen nicht miteinander. Ich habe wohl ein bißchen zu Jesus gesprochen, aber er antwortete mir nicht. Offenbar schlief er. *[296]*

Es ist natürlich, daß man an jemand denkt,
den man liebt. *[297]*

Ich bitte um alles, was ich nötig habe,
aber nicht um das, was mir angenehm ist. *[298]*

Bittend und voll Liebe
erhebe ich meine Hände zu dir.
Ich kann nicht glauben,
daß du mich verläßt! *[299]*

Der liebe Gott wird nicht müde,
mich anzuhören, wenn ich ihm ganz einfach
meine Leiden und Freuden erzähle,
als ob er sie nicht kennen würde ... *[300]*

Ich weiß, daß das Reich Gottes in uns ist. Jesus bedarf weder Bücher noch Lehrer, um uns zu unterweisen. Er, der Lehrer der Lehrer, unterrichtet ohne Wortgeräusch. ... Nie hörte ich ihn sprechen, aber ich weiß, daß er in mir ist. *[301]*

Jesus führt mich und gibt mir ein, was ich sagen oder tun soll. Ich entdecke gerade in dem Augenblick, wo ich es brauche, mir bis dahin unbekannte Klarheiten. Und zwar meist nicht während der Stunden des Gebetes, sondern eher bei den gewöhnlichen Beschäftigungen des Tages. *[302]*

Ohne sich zu zeigen, ohne seine Stimme hören zu lassen, unterweist mich Jesus im geheimen, nicht durch Bücher, denn ich verstehe meist nicht, was ich lese; aber manchmal tröstet mich ein Wort. *[303]*

Ein Maler muß nicht bei jedem Pinselstrich wiederholen: Das ist für Herrn Soundso, das ist für Herrn Soundso ... Es genügt, daß er sich mit dem Willen ans Werk macht, für seinen Meister zu arbeiten. *[304]*

Es ist gut, häufig seine Gedanken zu sammeln und seine Absichten neu auszurichten, aber ohne inneren Zwang. Gott weiß um die guten Gedanken und die richtigen Absichten, die wir gerne haben möchten. *[305]*

War nicht Jesus mein einziger Freund? Nur mit ihm wußte ich zu reden; die Gespräche mit den Geschöpfen, selbst fromme Unterhaltungen, ermüdeten mich. *[306]*

Darin besteht mein Himmel:
immer in der Gegenwart Gottes zu sein,
ihn meinen Vater zu nennen
und sein Kind zu sein. *[307]*

Jesus sagt nichts zu mir, und ich sage nichts zu ihm, außer daß ich ihn mehr liebe als mich selbst. In der Tiefe meines Herzens spüre ich, daß das wahr ist; denn ich gehöre mehr ihm als mir! *[308]*

Mein Gott, ich möchte dich gut verstehen. Ich flehe dich an, antworte mir, wenn ich dich demütig frage: Was ist die Wahrheit? Gib, daß ich die Dinge so sehe, wie sie sind, daß ich mir durch nichts Sand in die Augen streuen lasse. *[309]*

Wenn auch für mich der letzte Abend kommen wird, dann möchte ich dir sagen können:

Ich habe dich auf Erden verherrlicht; ich habe das Werk vollendet, das zu vollbringen du mir aufgetragen hast; ich habe deinen Namen denen kundgemacht, die du mir gegeben hast; sie waren dein, und du hast sie mir geschenkt. Jetzt erkennen sie, daß alles, was du mir gegeben hast, von dir stammt; denn ich habe ihnen die Worte mitgeteilt, die du mir mitgeteilt hast, sie haben sie aufgenommen und haben geglaubt, daß du es bist, der mich gesandt hat. Ich bitte für die, die du mir gegeben hast, weil sie dein sind. Ich bin nicht mehr in der Welt; sie aber sind noch in ihr, und ich kehre zu dir zurück. Heiliger Vater, um deines Namens willen bewahre die, die du mir gegeben hast. Ich gehe jetzt zu dir, und damit die Freude, die von dir kommt, vollkommen sei in ihnen, sage ich dies, solange ich in der Welt bin. Ich bitte dich nicht, sie aus der Welt wegzunehmen, sondern sie vor dem Bösen zu bewahren. Sie sind nicht von der Welt, wie auch ich nicht von der Welt bin. Nicht allein für sie bitte ich, sondern auch noch für jene, die auf das hin, was sie diese sagen hören, an dich glauben. Mein Vater, ich wünsche, daß dort, wo ich sein werde, auch diese mit mir seien, die du mir gegeben hast, und daß die Welt erkenne, daß du sie geliebt hast, so wie du mich selber geliebt hast.

Ja, Herr, das ist es, was ich dir nachsprechen möchte. Es ist vielleicht Vermessenheit? Doch nein, seit langem hast du mir erlaubt, dir gegenüber kühn zu sein. Wie der Vater des verlorenen Sohnes zu seinem Ältesten, so sprachst du zu mir: Alles, was mein ist, ist dein. *[310]*

Über das Leiden

Selbst das Leiden wird zur großen Freude, wenn man es als den kostbarsten aller Schätze aufsucht. *[311]*

An Tagen, an denen ich viel Kummer hatte, aß ich für vier – im Gegensatz zu vielen anderen Menschen. *[312]*

Jesus hat uns das bestausgesuchte Kreuz geschickt, das er in seiner unermeßlichen Liebe zu erfinden vermochte.
Wie sollten wir uns beklagen, da er selbst als ein von Gott geschlagener und gedemütigter Mann angesehen wurde (vgl. Jes 53,4)! *[313]*

Gerade das unverstandene, verkannte, als nutzlos betrachtete Leid ist in den Augen Jesu fruchtbar und mächtig. *[314]*

Ich habe mir angewöhnt,
jeden Schmerz willkommen zu heißen. *[315]*

Es ist leicht, schöne Dinge über das Leiden zu schreiben; aber Schreiben ist nichts, nichts! Man muß drinnen sein, um es zu verstehen! *[316]*

Der liebe Gott muß wirklich gut sein,
denn er gibt mir die Kraft, alles zu ertragen,
was ich leide. *[317]*

Es ist nicht so, daß ich in Tröstungen schwimme, oh nein! Mein Trost besteht darin, auf Erden keinen zu haben! *[318]*

Das Leiden streckte seine Arme nach mir aus,
und ich umfing es mit Liebe. *[319]*

Ich bin in die Finsternis hineingetaucht.
Vielleicht ist sie vom Licht erhellt,
aber sie ist eben doch Finsternis.
Mein einziger Trost und meine Kraft
sind ein tiefer Friede und die Hoffnung,
zu sein, wie Jesus es will.
Das ist meine Freude, alles andere ist Traurigkeit.
[320]

Groß ist meine Freude darüber,
keine Freude zu haben,
um Jesus Freude zu machen.
Es ist eine geläuterte Freude,
aber keineswegs fühlbar. [321]

Ich will jedes kleine Opfer, jeden Blick, jedes Wort dir weihen und auch die kleinsten Handlungen aus Liebe tun. Aus Liebe will ich leiden und aus Liebe mich auch freuen ... Ich werde singen, auch wenn ich meine Rosen mitten aus Dornen pflücken muß. Und mein Lied wird um so heller klingen, je länger und spitzer die Dornen sind. [322]

Ich lächle, auch wenn ich Tränen vergieße.
Mit Dankbarkeit nehme ich die Dornen an,
die unter die Blumen gemischt sind. [323]

Glauben wir nicht, daß wir lieben können,
ohne viel zu leiden. [324]

Aus Liebe leben heißt auf Erden nicht,
sein Zelt auf dem Berg Tabor aufschlagen,
sondern mit Jesus den Kreuzweg gehen. [325]

Wenn ich an morgen denke, fürchte ich meine Wankelmütigkeit. In meinem Herzen fühle ich Traurigkeit und Überdruß.
Doch gerne sage ich ja zum Leid, zur Prüfung von heute. *[326]*

Maria

Gute Mutter Gottes, ich finde, daß ich glücklicher bin als du. Denn ich habe dich zur Mutter, und du hast keine Muttergottes, die du lieben kannst. Zwar bist du die Mutter Jesu, aber diesen Jesus hast du uns ganz und gar gegeben. Und er hat am Kreuz dich uns zur Mutter gegeben. So sind wir reicher als du, denn wir besitzen Jesus, und auch du gehörst uns. *[327]*

Gerate ich in eine Sorge oder Verlegenheit, so wende ich mich schnell an Maria, und sie, die zärtlichste der Mütter, nimmt sich immer meiner Sache an. *[328]*

Wie gerne wäre ich Priester gewesen, um über Maria predigen zu können! Ein einziges Mal hätte mir genügt, um alles zu sagen, was ich über sie denke! Zuerst hätte ich gezeigt, wie wenig man über ihr Leben weiß. Man sollte nicht unwahrscheinliche Dinge sagen oder Dinge, die man nicht weiß ... *[329]*

Man weiß, daß Maria
die Königin des Himmels und der Erde ist,
aber sie ist mehr Mutter als Königin. *[330]*

Die Mutter Gottes ... weiß genau, was sie mit meinen kleinen Wünschen machen soll, ob sie sie weitersagen soll oder nicht ... Es ist ihre Sache, es so einzurichten, daß der liebe Gott sich nicht gezwungen fühlt, mich zu erhören, sondern daß er frei bleibt, in allem seinen Willen zu tun. *[331]*

Ich stelle mir meine Seele als einen freien Platz vor und bitte die seligste Jungfrau, allen Schutt fortzuräumen, der verhindern könnte, daß er wirklich frei sei. *[332]*

Damit mir eine Predigt über Maria gefällt und nützt, muß ich ihr Leben vor mir sehen, wie es wirklich war, nicht ein erdachtes Leben. Ich bin überzeugt, daß ihr wirkliches Leben ganz einfach gewesen sein muß. Man stellt sie unnahbar dar, aber man müßte sie nachahmbar zeigen, ihre Tugenden aufzeigen, sagen, daß sie aus dem Glauben lebte wie wir, die Beweise aus dem Evangelium dafür anführen, wo wir lesen: „Sie verstanden nicht, was er zu ihnen sagte" (Lk 2,50). Und diese andere, nicht minder geheimnisvolle Stelle: „Seine Eltern waren voll Verwunderung über das, was man über ihn sagte.“ Diese Verwunderung setzt ein gewisses Staunen voraus ... *[333]*

Maria hat auf ihren Reisen sehr viel gelitten, Kälte, Hitze, Müdigkeit. Sie weiß, was es heißt, physisch zu leiden. Mir tut es gut, wenn ich mir die Heilige Familie in einem ganz gewöhnlichen Leben vorstelle, nicht in all dem, was man erzählt und sich ausdenkt. *[334]*

Maria, wenn ich die Königin des Himmels wäre und du Therese wärest, dann würde ich Therese sein wollen, damit du die Königin des Himmels sein kannst. *[335]*

Man sollte nicht sagen, Maria verdunkle die Größe der Heiligen, wie die Sonne bei ihrem Aufgang die Sterne zum Erlöschen bringt! Mein Gott, ist das merkwürdig! Eine Mutter, die den Glanz ihrer Kinder zum Verschwinden bringt! Ich denke genau das Gegenteil, ich glaube, sie wird die Auserwählten noch mehr zum Glänzen bringen. *[336]*

Es ist gut, daß man von den Vorzügen Marias spricht, aber man sollte nicht ausschließlich von ihnen sprechen, denn wenn man in einer Predigt von Anfang bis Ende unablässig Ah! Ah! ausrufen muß, dann geht das einem auf die Nerven! Wer weiß, ob das nicht manchen soweit bringt, daß er schließlich einem dermaßen überlegenen Geschöpf gegenüber eine gewisse Entfremdung empfindet. *[337]*

Maria hatte uns voraus,
daß sie frei war von der Erbsünde,
andererseits hat sie auch weniger Glück als wir,
denn sie hatte keine Muttergottes zum Lieben.
[338]

Ich bin mir bewußt, den Rosenkranz schlecht zu beten. Ich kann mich noch so sehr bemühen, die Geheimnisse zu betrachten, es gelingt mir nicht, meinen Geist zu sammeln ... Lange war ich untröstlich über diesen Mangel an Andacht. Ich verstand das nicht, denn ich liebe die Mutter Gottes so sehr, daß es mir leicht fallen sollte, zu ihr zu beten. Jetzt betrübe ich mich weniger, ich denke, die Himmelskönigin wird als meine Mutter meinen guten Willen sehen und sich damit zufriedengeben. *[339]*

Die Heiligen

Es gibt Heilige, die wir kennen, weil sie uns näher sind, aber das bedeutet nicht, daß das die größten Heiligen sind. Auch die Sterne erscheinen uns ja größer oder kleiner je nach ihrer Entfernung, aber ihre wahre Größe kennt Gott allein. Manche, die uns als die kleinsten erscheinen, oder andere, die wir nicht einmal mehr sehen, sind unvergleichlich schöner als jene, die wir für die schönsten halten. *[340]*

Die Heiligen sind nicht heilig, weil man sie so nennt; und daß man ihr Leben beschreibt, macht sie nicht größer. Wer weiß, ob wir nicht einem unbekannten Heiligen das Gute verdanken, das aus einem Werk entstanden ist, sei es, weil er dieses Werk angeregt, geleitet oder uns befähigt hat, es zu lieben. Viele Dinge werden wir erst später richtig erkennen! Ich denke manchmal, daß ich vielleicht alles, was ich habe, einer kleinen Seele verdanke. *[341]*

Welche Täuschung, die Heiligen danach zu beurteilen, was man von ihnen denkt! Über viele Karmelitinnen ist schlecht geschrieben worden, so daß sie nicht hoch eingeschätzt werden. Andere jedoch mit eher durchschnittlichen Eigenschaften erscheinen uns beispielhaft, weil ihre Mutter Priorin die Feder gut zu führen wußte. Ich kann mir wirklich keine Ehre wünschen, die von solchen Dingen abhängig ist! Das wäre wie bei einer Lotterie! Wenn die Heiligen zurückkämen, um uns ihre Meinung zu sagen über das, was man über sie geschrieben hat, würden wir sicher staunen. Zweifellos würden die meisten beteuern, daß sie sich in dem Porträt, das man von ihnen entworfen hat, nicht wiedererkennen können. *[342]*

Alle Heiligen sind unsere Verwandten. *[343]*

Aus den Lebensbeschreibungen der Heiligen wissen wir, daß es viele gibt, die nach ihrem Tod nichts hinterlassen wollten, nicht das kleinste Andenken, nicht die mindeste Aufzeichnung. Es gibt hingegen andere, wie unsere Mutter Teresa von Avila, die die Kirche mit erhabenen Offenbarungen bereichert haben und sich nicht scheuten, die Geheimnisse des Königs zu offenbaren, damit er besser erkannt und mehr geliebt werde. Welche dieser beiden Arten von Heiligen gefällt dem lieben Gott besser? Mir scheint, daß sie ihm gleich gut gefallen, da sie alle dem Antrieb des Heiligen Geistes folgten. *[344]*

Hoffnung auf das andere Leben

Das Leben ist sehr geheimnisvoll! Es ist eine Wüste, ein Exil; aber in der Tiefe des Herzens fühlt man, daß es eines Tages unendliche Fernen geben wird, die einen für immer alle Traurigkeit der Wüste und der Verbannung vergessen lassen.

[345]

Im Innersten meines Herzens verspürte ich von Kindheit an die Sehnsucht nach einer schöneren Gegend. So wie das Genie des Christoph Kolumbus ihn die Existenz einer neuen Welt ahnen ließ, als noch niemand sonst daran dachte, so fühlte ich, daß eines Tages eine andere Erde mir als dauernde Wohnstätte dienen sollte. *[346]*

Der liebe Gott sagt uns, daß er am Jüngsten Tag
alle Tränen von unseren Augen trocknen wird,
und sicher wird der Trost um so größer sein,
je mehr Tränen es zu trocknen gibt.

[347]

Welch ein Glück zu denken, daß wir im Himmel vereint sein werden, um uns nie mehr zu trennen. Ohne diese Hoffnung wäre das Leben wirklich unerträglich. *[348]*

Die Liebe wird über dieses sterbliche Leben hinaus fortdauern. Dieses ist uns nur gegeben, um in die Heimat des Himmels zu kommen, wo wir alle die geliebten Menschen wiederfinden werden, die wir auf Erden geliebt haben. *[349]*

Im Frieden erwarte ich die Freuden des anderen Lebens, die für immer Bestand haben werden. *[350]*

Im Himmel wird man nie einem gleichgültigen Blick begegnen, denn alle werden wissen, daß sie anderen die Gnaden verdanken, mit deren Hilfe sie in den Himmel gekommen sind. *[351]*

Wenn ich im Himmel nicht mehr zu seiner Ehre arbeiten könnte, wäre mir die Verbannung lieber als die Heimat. *[352]*

Ich möchte meinen Himmel damit verbringen, auf Erden Gutes zu tun ... *[353]*

Lebenserfahrungen

Es gefiel dem lieben Gott,
mich mein Leben lang
mit Liebe zu umgeben. *[354]*

Ich bin nur das,
was der liebe Gott von mir denkt. *[355]*

Nur was ewig ist, kann uns befriedigen. *[356]*

Die Liebe gab mir den Schlüssel
zu meiner Berufung. *[357]*

Ich habe das glücklichste Dasein geführt,
das man sich vorstellen kann,
weil ich niemals mich selbst gesucht habe.
Wenn man sich selbst überwindet,
wird man schon auf Erden dafür belohnt.
Sich selbst zu vergessen
und in nichts sich selbst zu suchen
ist der Weg, der zur reinen Liebe führt. *[358]*

Wissen Sie, wann Sie das Glück finden werden?
Wenn Sie es nicht mehr suchen.
Glauben Sie mir,
ich habe diese Erfahrung gemacht. *[359]*

Ein Herz, das sich Gott schenkt,
verliert seine natürliche Zärtlichkeit nicht,
im Gegenteil, diese Zärtlichkeit wächst,
je reiner und göttlicher sie wird. *[360]*

Jesus hat mir kein empfindungsloses Herz gegeben. Gerade weil es leidensfähig ist, möchte ich, daß es Jesus alles gibt, was es geben kann. *[361]*

Ich hatte keine einfache Natur. Das trat zwar nicht in Erscheinung, doch ich selbst fühlte es stark. Ich hatte viel zu kämpfen; es gab keinen Tag, an dem ich nicht gelitten habe. *[362]*

Ich leide immer nur einen Augenblick.
Man verliert ja nur deshalb den Mut
und verzweifelt,
weil man an die Vergangenheit
und die Zukunft denkt. *[363]*

Nützen wir den Augenblick des Leidens aus! ...
Schauen wir nur auf den einzelnen Augenblick! ...
Ein Augenblick ist ein Kleinod. *[364]*

Das Leben ist ein Augenblick
zwischen zwei Ewigkeiten. *[365]*

Quellennachweis

Die zitierten Texte der Therese von Lisieux, die für diese Ausgabe neu übersetzt wurden, finden sich in folgenden Ausgaben [in Klammern die Nummern der Texte in diesem Band]:

Therese vom Kinde Jesus, Selbstbiographische Schriften im Urtext, (Johannes Verlag) Einsiedeln, 13. Aufl. 1996:

4 [29], 5f [141; 200; 213; 257; 261], 11 [354], 26ff [1], 29 [2], 41 [3], 46 [4], 47 [5], 49 [9], 53 [13; 20], 55f [15], 56/58 [16], 60 [17], 63 [19], 65f [8; 186], 70 [18], 73 [21], 77 [7], 79 [11], 82 [18], 83 [12], 85 [6; 291; 306], 86 [14], 87ff [22], 93 [10], 95 [23], 96f [24], 99f [25], 102f [26], 104f [28; 30; 31], 106 [27], 107f [32], 110 [33; 271], 112 [34; 35], 115f [36], 120 [37], 121f [38], 128 [39], 135ff [40], 139 [41], 140 [42], 141 [66], 147 [181], 148 [43], 149 [44; 45], 151 [46], 152 [47], 153f [48; 49; 319], 155 [50], 159 [54], 162 [51], 163f [52], 165 [55-57], 166f [59; 60; 62; 64], 167f [214], 168f [63], 176 [332], 178 [195; 217], 179f [219], 184 [230; 275; 280], 184f [301], 185 [185; 302], 192f [216; 246; 303], 200f [218; 220-222; 357], 203 [322], 205 [101], 207f [242-244], 211 [65], 213 [144], 214 [130; 134; 148; 164; 212], 215 [135; 199; 263], 216 [143], 217 [169], 218 [91], 219 [92; 93], 220 [94], 221 [95-97; 346], 222f [98; 100; 102; 103], 224 [118], 225 [58; 360], 227 [360],228 [311], 229 [69], 231f [206; 270; 344], 232f [70-74], 234ff [75; 76; 166; 236], 237f [160], 239f [68; 119; 167; 233; 281], 241 [77], 242 [234], 245 [168], 250 [85; 86], 251f [87], 253 [88], 254f [282-287; 339], 256f [89; 328], 259f [78-80; 187], 267 [90; 300], 269 [247], 270f [310], 271 [191; 202; 205], 273f [293], 274f [276], 275 [174], 281 [121; 124]

Therese Martin, Briefe, (Johannes-Verlag) Leutesdorf, 3. Auflage 1982:

42 [356], 43 [265], 57 [266; 268; 269], 59 [348], 65 [231; 232], 74 [53; 290], 76 [151], 78 [61; 320; 321], 87 [209; 365], 89 [157; 264; 299; 324; 364], 92 [253], 94 [198], 108 [313], 109 [159; 223], 110 [308], 111 [245], 114 [229; 345], 129 [189], 130 [241], 132 [314], 135 [250], 137 [327], 138 [289], 142 [210], 143 [136; 295], 144 [180], 145 [248], 152 [288], 154 [152], 161 [252; 267], 165 [254; 272; 274], 166 [224; 349], 169 [249], 176 [156], 191 [138], 196 [216; 259; 318], 197 [175], 220 [158; 352], 224 [170], 226 [182; 193; 255; 277; 278], 243 [149; 150], 255 [211], 262 [104]

Therese von Lisieux, Gedichte. Eine Prosaübersetzung, herausgegeben von P. Maximilian Breig SJ, (Johannes-Verlag) Leutesdorf 1970:

5 [203; 326], 11 [204], 21 [258], 23 [251], 24 [279], 45 [208; 273; 323], 46 [350], 57 [325], 113 [307], 142 [137]

Céline Martin, Die kleine Therese von Lisieux. Aufzeichnungen und Erinnerungen ihrer Schwester, (Verlag Neue Stadt) München, 2., verbesserte Auflage 1988:

11 [238], 17 [173], 21 [165], 23 [172], 25 [162], 27f [228], 30 [132], 36f [153; 304; 305], 39 [331], 41 [178], 44 [105; 146], 46 [207], 50 [225], 54 [226], 55 [227], 60 [297], 63 [194], 72 [142], 81 [82; 358], 112 [67], 114 [312], 115 [296], 121f [340], 122f [341; 342], 125 [120; 183], 127 [129], 129 [315]

Therese Martin, Ich gehe ins Leben ein. Letzte Gespräche der Heiligen von Lisieux, (Johannes-Verlag) Leutesdorf, 2. Auflage 1982:

38 [81], 43 [240], 49 [292], 52 [106; 140; 190], 58 [331], 69 [83], 71 [176], 97 [107], 100 [343], 107 [351], 110 [353], 114 [131; 309], 129 [294], 130 [108], 134 [109], 135 [110; 122], 141 [177], 143 [125], 145 [111; 112], 157 [145], 163 [113], 167 [114], 169 [123], 170 [363], 177f [329; 333], 178f [330; 336-338], 211 [126], 217 [115], 221 [139], 222 [127], 228 [116], 261f [192], 264 [117]

Prozesse der Seligsprechung und Heiligsprechung der heiligen Theresia vom Kinde Jesus und vom Heiligen Antlitz, Bände I und II (Karmelitische Bibliothek: Reihe 1: Texte 2 und 3), (Badenia-Verlag) Karlsruhe 1993
– Band I: Bischöflicher Informativprozeß:

27 [184], 54 [128], 55 [317]

– Band II: Apostolischer Prozeß und kleiner Prozeß zur Nachforschung nach den Schriften der Heiligen:

151 [262], 154 [334], 163 [179], 164 [161], 188 [163], 196 [99], 198 [196], 219 [171], 230 [347], 232 [298], 268 [239], 277 [215], 293 [201; 355], 319 [197], 321 [362], 450 [84], 451 [359]

Sainte Thérèse de l'Enfant-Jésus et de la Sainte-Face, Prières. L'offrande à l'amour miséricordieux, (Editions du Cerf et Desclée de Brouwer) Paris 1988:

7 [256], 20 [260], 21 [335]

Therese von Lisieux
im Verlag Neue Stadt

Therese von Lisieux
IHM KANN ICH ALLES SAGEN
Gebete der Liebe

Mit einer Einführung von Waltraud Herbstrith

Gebete und Gedichte der „kleinen Therese" – von der Kindheit bis zu ihren letzten Lebenstagen. Mit Erklärungen der Lebenssituationen, in denen die Gebete entstanden sind.
128 Seiten, gebunden, ISBN 3-87996-349-5

VERLAG NEUE STADT   MÜNCHEN · ZÜRICH · WIEN